伊丹十三の台所

子どもが小さな頃に移り住んだ湯河原の家の台所。アメリカ製マジックシェフのガスレンジに合わせ、カウンターも高め。木の使い方、タイルひとつひとつに温かみが感じられる。

写真提供・マガジンハウス（撮影／土井 武）

エッセイ（p.64）の挿絵にもなっている江戸時代後期の黄銅の急須。丸いシェイプを気に入って、よく煎茶を淹れて飲んでいた。

大切に使っていた、工芸家・黒田辰秋の漆椀。
こちらもエッセイ（p.144）の挿絵に。とりわけ、正月の黒豆や数の子がよく映えた。

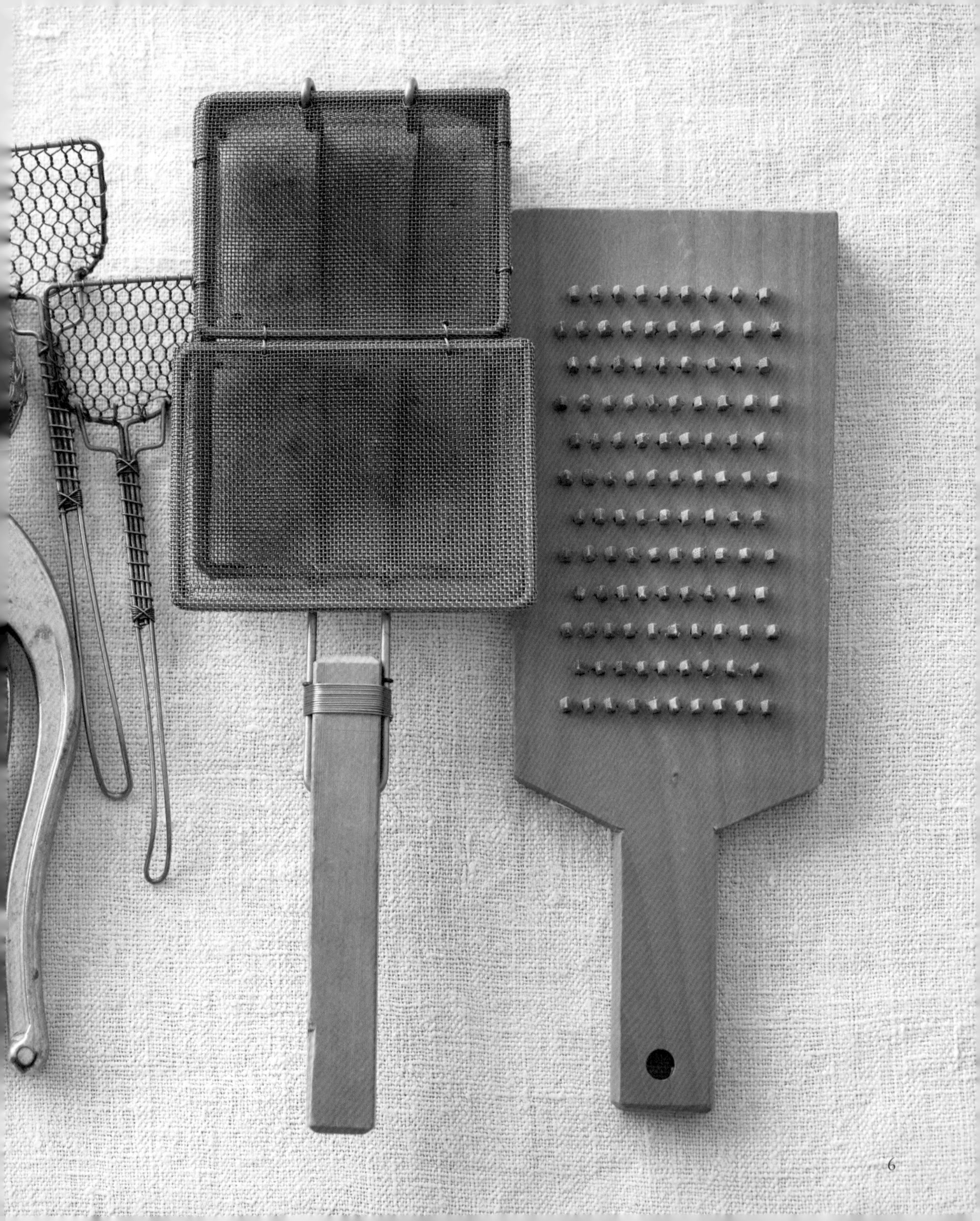

鬼おろし、ごま炒り、豆腐すくい、茶漉し、うろこ取り、牡蠣剝き、りんごの芯抜きなど道具類もたくさん持っていた。とくに愛用していたのは、京都への新婚旅行で買ってきた竹の味噌漉し（左端）。

はじめに

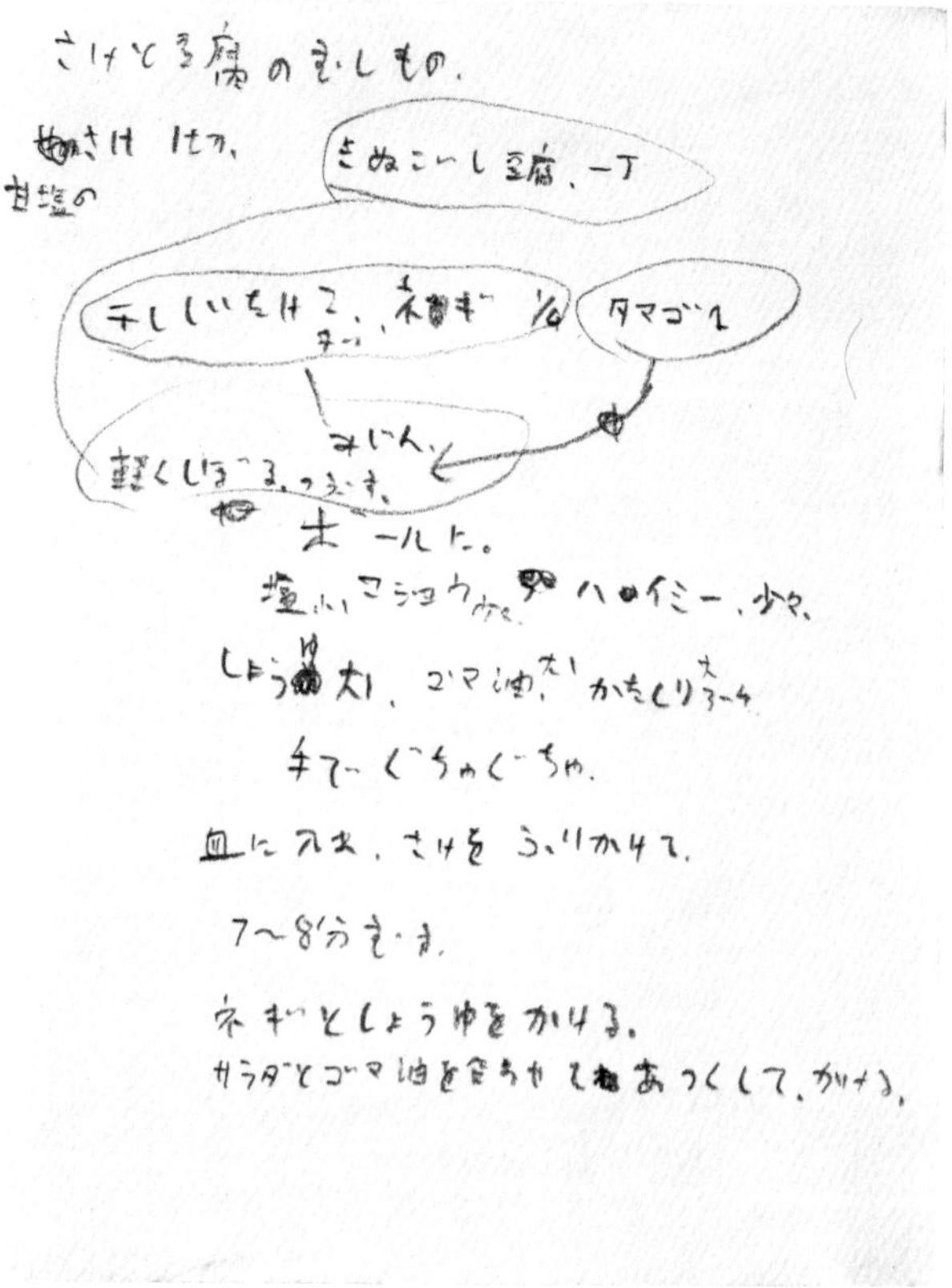
さけと豆腐のむしもの。
甘塩のさけ 1切、
きぬごし豆腐、一丁
干しいたけ 2まい、ネギ 1/4
タマゴ 1
みじん、
軽くしぼる、つぶす。
ボールに。
塩小さじ1、コショウ少々、ハイミー、少々、
しょうゆ大1、ゴマ油大1、かたくり粉大1/2
手でぐちゃぐちゃ。
皿に入れ、さけをふりかけて。
7〜8分むす。
ネギとしょうゆをかける。
サラダとゴマ油をまぜあわせてあつくして、かける。

伊丹十三記念館（愛媛県松山市）に収蔵されている料理本の間に挟まっていたメモ。「手でぐちゃぐちゃ」にした豆腐を鮭にのせて蒸す「さけと豆腐のむしもの」。おいしそう！

伊丹十三といえば、どんなイメージでしょうか？
映画監督？　もちろん。俳優もやってたよね？　そうそう。
なんかおもしろいＣＭに出てた印象も！　おや、ごぞんじでしたか。
エッセイも書いてた人でしょう？　そう、そこなんです。
伊丹十三がエッセイ『ヨーロッパ退屈日記』を上梓したのは、
１９６５年のこと。ハリウッド映画の撮影のために滞在した
イギリスやスペイン、フランスでの日々を描いたエッセイは、
その博識ぶり、洒脱さ、スマートさで、当時の読者を驚かせました。
すでに食べることや料理についても言及していましたが、
つづく『女たちよ！』では、食の話題もより具体的かつ実践的に。
また、初めての映画作品『お葬式』の舞台が、伊丹十三の湯河原の
自宅だったという話は有名ですが、雰囲気のいいあの台所をはじめ、
食器、道具類もそのほとんどが実際に使っていたものでした。
伊丹十三は、若い頃から好みの器を揃え、吟味した道具を使い、
家族はもちろん、来客にも料理の腕をふるっていたといいます。
この本では、食にまつわるエッセイをひもときながら、
いかに伊丹十三が食べること、作ることを楽しんだか。
また、それをどんな言葉で著していたかをお伝えしようと思います。
そして、伊丹十三に影響を受けたさまざまな方々のお話も――。
この本を読み終えた頃、あなたのお腹がグゥと鳴ったなら、
それは、伊丹十三というひとりの生活者を
ほんの少し、身近に感じてもらえたしるしなのかもしれません。

もくじ

食べる作る

エッセイ

湯河原時代にどこからか買ってきたというタイル。テーブルが傷つかないよう裏側にテープを貼り、鍋敷きのようにして使っていた。

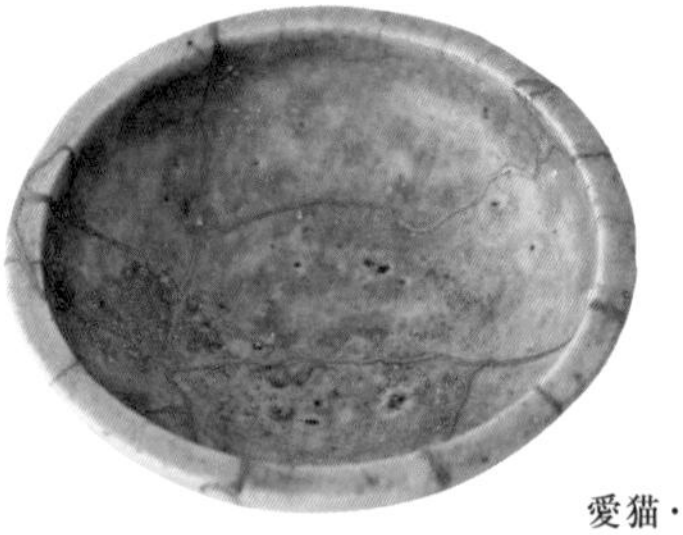

愛猫・コガネマルのミルク皿。結婚後すぐ、ふたりで出かけたイギリスで購入。紀元前のダマスカスのものという触れ込みだった。

写真提供・マガジンハウス

長身の伊丹十三に既製品のキッチンは低かった。猫好きで、コガネマル亡きあとも、長いあいだ猫と生活を共にした。

独身時代から使っていた洋皿。リアリティを大切にする伊丹さんは、カレーのCMにもこの皿を持ち込んで使ったという。

食べる
作る

昭和ひとけた生まれの男性にしては珍しく、
伊丹十三は若い頃から、料理をよくする人だった。
30代で刊行した2冊の本(『ヨーロッパ退屈日記』
『女たちよ!』)のなかで、紙幅を費やしているのは
なんといってもスパゲッティの話題だ。
スパゲッティの茹で方、ソースの作り方、
食べ方のマナーまで、たっぷりのユーモアを
交えながら語られるエッセイはその数5本。
歯ざわりさえ感じられるつぶさな描写に、
読んだなり、台所へ走った人も多かっただろう。
スパゲッティの話に限ったことではないが、
料理の根本的な精神をあやまたずに見定め、
料理を作り、食べる悦びを教えてくれるのが、
伊丹エッセイの真骨頂だ。まずは、
名刺代わりの一篇を紹介することから始めたい。

スパゲッティのおいしい召し上り方

スパゲッティが日本へはいってきたのはいつの頃であろうか。思いつくままに挙げるなら、たとえば永井荷風の「冷笑」という小説の中に、

「青豆を浮かしたコンソンメヱの暖かいのを啜《すす》つて、白ソオスをかけた魚の蒸煮の後《あと》、給仕人が伊太利亜《イタリヤ》のマカロニを持ち出す頃には、葡萄酒《ぶどうしゅ》の一壜《びん》は既に空《むな》しくなりかけて居た。」

とあるし、夏目漱石の「三四郎」という小説にも、

「図書館の横をのたくる様に正門の方へ出ると、どこから来たか与次郎が突然声を掛けた。

『おい何故《なぜ》休んだ。今日は伊太利人《イタリーじん》がマカロニーを如何《いか》にして食ふかと云《い》ふ講義を聞いた』と云ひながら、傍へ寄つて来て三四郎の肩を叩《たた》いた。」

とある。

これらの小説が書かれたのは、およそ、六十年くらい昔のことであるが、当時、マカロニは随分珍しいハイカラな西洋料理であったのかも知れない。どんな調理法をして、どんな食べ方をしていたのか興趣をそそるものがあるが、大学教授がわざわざ講義の時間を割いて「伊太利人の」マカロニの食べ方を伝授しているくらいであるからおよその見当はつこうというものだ。

当代随一の伊達《だて》男「新帰朝者」永井荷風先生にしてからが「コンソンメヱ」を

「啜つ」たりしているところを見れば甚だ怪し気なものである。

爾来《じらい》六十年、今やイタリー料理店が随所に賑《にぎ》わい、スパゲッティを専門に商う、立ち食い同様の小店も数知れぬという。

昼めし時分ともなれば、女事務員、女店員、女給仕、女学生なんぞが群がり集《つど》って、一斉にスパゲッティを「啜り」込むのであるという。（ただし、肝腎のスパゲッティはということになると、本格的なスパゲッティを食べさす店は僅《わず》かに一、二を数えるにすぎない。多くは、スパゲッティの名を借りた炒《いた》め饂飩《うどん》の域を出ないのであります）

これだけ普及しながら、未《いま》だに正しい調理法を知らない、正しい食べ方を知らない。これは神秘ではありますまいか。

「冷笑」や「三四郎」が書かれたのは明治四十年代のことである。もうそろそろ、

「青豆を浮かしたコンソンメヱ」

という段階は卒業しようじゃないの、皆さん。

私の大雑把な頭脳で考えるに、外国の文明を輸入するには二つの型があるように思う。すなわち、イギリス型とフランス型である。これを包容型と吸収型というふうにいい直してもよい。

早い話がスパゲッティ一つにしてからが、イギリスとフランスではまったく違ったふうに輸入されているのです。

イギリスでは、イタリー料理店はイタリー人がやるものときまっている。ウェイターもイタリー人である。だからロンドンで食べるスパゲッティは、ローマで

食べるスパゲッティとまったく変らない。永い間の植民地経営者としてのイギリス人の感覚がこういうところに生きてくるのだ。つまり包容型だ。ところがフランス人はそうはいかない。第一、自分の舌に絶対の自信を持っているから始末が悪い。単純素朴であるべきイタリー料理を、なにがなんでもフランス風の味付けに捩《ね》じ曲げてしまって「スパゲッティ・ア・ラ・マクシム・ソース・オー・クルヴェット・ア・リタリアン」みたいな名前をつけないと気持が落ち着かないのですね。これが吸収型。

日本人は頑固な吸収型であると私は思う。ただし、吸収型のうんと貧しい後進的な奴《やつ》だと思う。

フランスに「クリケット」というガス・ライターがある。日本でも百五十円くらいで売っている。この値段からしてもおわかりだろうが、構造もデザインも簡単無比である。ガスがなくなれば使い捨てにしてしまう。

ところが、こいつを真《ま》似《ね》た日本製が現われたのである。この日本製は悲しかったねえ。あまりにも日本的なのだ。炎の大きさのアジャスターがついている。ストッパーがついている。ガスの入替えができる。しかもお好みの色と柄各種を取り揃《そろ》えました、というのだ。

こんな安物をも飾り立てずにはおられない。それがかえって貧乏たらしいことに気づかない。これは安物だからガスがなくなったら捨ててしまうんだ、というところがクリケットの颯《さつ》爽《そう》たるところじゃないの。なんにもわかっちゃいない、のです。

スパゲッティだって同じことだ。なにゆえに日本人はスパゲッティに鶏やハムや海老《えび》やマシュルームを入れてトマト・ケチャップで和《あ》えるようなことをするのか。

これはねえ、いいたくはないけど、日本の洋食というのは「一品料理」なんだよ。一品だけ食べて満足しなければならんのだよ。つまり貧しいんだよ。ね、だからトマト・ケチャップなんかが好きなんだよ。あの甘ったるい、貧しい味が大好きなんだよ。

困ってしまう。

日本人は真似の天才であるという。なにが、なにが。本物を知らないからそんな甘ったれたことがいえるのだ。遠慮することはない。できるんだったら、もっともっと真似を押し進めて、ついには本物を凌駕《りょうが》するところまでいけばいいじゃないか。

イギリス人の大人さ加減、フランス人の美的感覚、そっくり盗んで欲しいものはいくらでもある。ただ、優れたものを取り入れる時には、それを自分の狭い視野と貧しい感覚でもって、低い次元にまで引きずりおろし、歪曲《わいきょく》するということをするべきではない、というのだ。根本精神をあやまたずに盗め！
と、まあ、それくらいの気合を持っていただかぬことには「スパゲッティの正しい調理法」はとうていお教えするわけにはいかない。いいですか「正しい」調理法なのだ。正しいなどという言葉は私は確信がなければ使わない。気合がはいっているのだ。

そもそもイタリー料理というのは、率直にいって家庭料理であります。単純にして素朴、レストランで食べる料理と、家庭で食べる料理の間にほとんど差というものがないのであります。

逆にいえば、レストランで食べた料理というのは、まず百パーセント、そのまま家庭で復元することができると思ってよろしい。

そうして、その中でわけても簡単なのがスパゲッティであります。技術的にはこんなものは児戯に等しい。誰だって本当にイタリー的な、イタリー人に食べさせれば相好《そうごう》を崩して喜ぶような、そういうスパゲッティが楽に作れるはずなのだ。

ただ、やる気がないんだね、みんな。

イタリー料理の本当の味を判《わか》ろうとする前に、スパゲッティを自己流の和風炒め饂飩に作ってしまう。こういう安易な折衷《せっちゅう》主義を、今回はまずすっぱりと忘れていただきたいと思うのであります。

まず私が声を大にしていいたいのは「スパゲッティは饂飩ではない」ということだな。そもそも粉からして違うのだ。饂飩は中力粉で作られるが、スパゲッティはもっと麩《ふ》質の多い硬質の小麦粉で作られる。

したがって饂飩の特質が軟いということであるとするなら、スパゲッティの特質は硬い、と、まあ極端にいえばそういうことになるわけですね。

だからスパゲッティを茹《う》でる時には、決して茹ですぎてはならない。日本のレストランで食べるスパゲッティはほとんど例外なく茹ですぎてふわふわになってしまっているが、ふわふわのスパゲッティは、これはもうスパゲッティとはいえないのであります。

イタリー人はスパゲッティの理想の茹で加減を「アル・デンテ」という言葉で表現する。アル・デンテとは「歯に」ということであって、つまりスパゲッティを茹でながら、茹で加減を見るために一本取り出して前歯で噛《か》んでみる。

硬すぎたり芯《しん》があっては問題にならないが、軟くなる一歩手前の、前歯でスコッと噛み切る時にまだかすかな抵抗が感じられる、この状態をアル・デンテと呼ぶのであります。

これさえ判っていただければ、スパゲッティの作り方はもう半分終ったようなものです。

順を追って述べるなら、

一、イタリー製のスパゲッティを買う。五十センチの長さのもの一ポンドが百五十円くらいだろう。これが約四人から六人分である。

一、スパゲッティはなるべく大量の水で茹でるのが好ましい。大きなシチュー鍋《なべ》でも金盥《かなだらい》でもよろしい。大きな容《い》れ物で大量のお湯を沸すこと。これはどの麺類《めんるい》にも共通していえることだと思う。つまり水が少いと麺から出た澱粉《でんぷん》でお湯が濁って、茹で上りがねばねばするのですね。イタリーのスパゲッティの包み紙には一ポンドのスパゲッティに八リットルの水、と記されている。八リットルとは一升壜約四本分にあたる。

一、塩を一掴《つか》み入れる。標準をいうなら一ポンドのスパゲッティに対して約四十グラムとでもいおうか。食卓塩の一瓶が百グラムだからね。あれでおよその見当がつくはずだ。

一、煮えたぎっているお湯の中へスパゲッティを長いままで入れる。

一、アル・デンテに茹で上ったら、
一、手早くお湯を切り、
一、バターを、左様、一ポンドのスパゲッティに対して約四分の一ポンドのバターを、湯気の立っているスパゲッティの中へほうりこんで手早くかきまわすと、スパゲッティもまだ熱い、鍋もまだ熱いからたちまち溶けるじゃないの。そいつを、
一、あらかじめ熱しておいた銘銘の皿に取りわけ、大至急で食卓に運んで、ただちに食べてもらう。
一、食べるさいには、チーズをおろして粉状にしたものを存分にふりかけて食べるが、このチーズはパルミジャーノというチーズを自分でおろすのがよい。

以上が「スパゲッティ・アル・ブーロ」の作り方であって、これは数あるスパゲッティの中で最も簡単なものであります。ブーロというのはバターのことだから、つまりこれはバター・スパゲッティということになる。

バターのかわりにソースをかけるもまたよし。ソースの作り方の大略を述べるなら、

一、トマトのソース
鍋にオリーヴ油とバター半半を熱し、大蒜《にんにく》の潰《つぶ》したもの、葱《ねぎ》、パセリのみじん切りを入れ、次に潰したトマト、月桂樹《げっけいじゅ》の葉一枚、塩、胡椒《こしょう》、タバスコ少量を加えてとろ火で気長に煮る。
一、浅蜊《あさり》のソース
作り方はほとんどトマト・ソースと同じでよい。剝《む》き身をボウルなんかに入れておくと、おつゆみたいなのが出るね。あのおつゆを入れてトマト・ソースを作り、

できあがったところへ剝き身を入れて火を強め、二分くらい熱して火をとめる。

　というわけでトマトのソースをかければ「スパゲッティ・ポモドーロ」（一名ナポリタン）、浅蜊のソースをかければ「スパゲッティ・アレ・ヴォンゴリ」ということになるわけだが、原理はまったく変らない。すなわち、

一、スパゲッティは大量の沸騰《ふつとう》するお湯でアル・デンテに茹で上げる。そうだ、これは大事なことだが、お湯は初めから終りまで沸騰し続けておらねばならぬ。

一、そうしてひとたびスパゲッティが茹で上った時には、他の準備は一切完了していて、急転直下、お湯を捨てる、取りわける、ソースをかける、食べ始める、というふうであってもらいたい。すなわち、スパゲッティの技術は、茹で上ったスパゲッティを、再び火を使わずに、どれだけ熱いままで食卓にのせることができるか、ここにかかっているのであります。

　さて、ここでちょっと日本の洋食屋のスパゲッティに思いをいたしていただきたい。茹ですぎたスパゲッティの水を切って、フライパンに入れ、いろんな具を入れてトマト・ケチャップで炒める。しかも運ばれてきた時にはすでに冷え始めていて湯気も立たぬ。

　これをあなたはスパゲッティと呼ぶ勇気があるのか。ある、というなら私はもうあなたとは口をききたくない。

　以上がスパゲッティのおいしい召し上り方の大略であります。

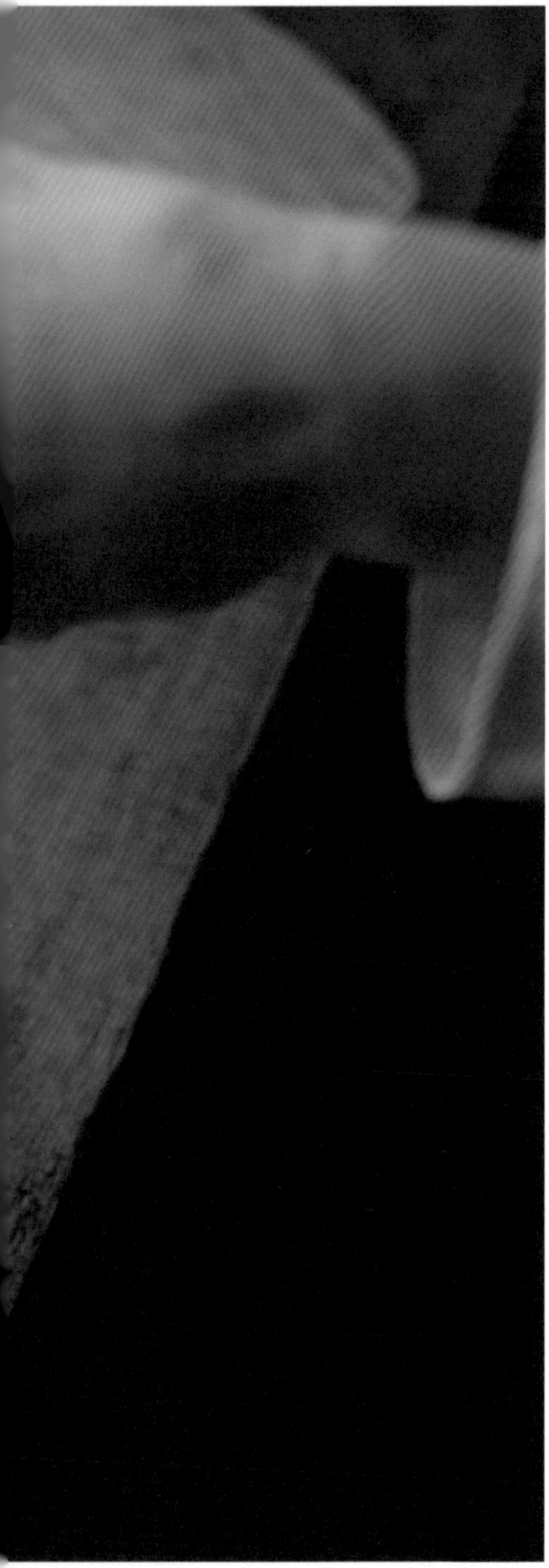

スパゲッティのおいしい召し上り方。

１９６５年『ヨーロッパ退屈日記』の刊行当時、
日本でスパゲッティといえば、
しっかりゆで上げたやわらかな麺がそのほとんどで、
〝アル・デンテ〟のなんたるかを
伊丹十三のエッセイで知ったという人も多かった。
翻って２０２３年。若き日にイタリアで暮らし、
その家庭料理にもくわしい細川亜衣さんに
「スパゲッティのおいしい召し上り方」を聞いてみた。

◎アル・ブーロ

❶スパゲッティをほどよい塩味をきかせてゆでる。❷“アル・デンテ”のほんの少し手前でざっと湯を切り、温めた器に盛る。❸冷たいバターの薄切りをたっぷりとのせ、パルミジャーノ・レッジャーノをたっぷりとすりおろす。(バターは有塩、無塩、発酵、なんでも。それによってパスタをゆでる時につける塩味を変えます。ようは食べた時においしく感じる塩味に)

◎浅蜊または蛤のソース

❶スパゲッティをゆでる。水に加える塩は、貝から塩分が出ることを考えてやや控えめにする。❷鍋に砂抜きした貝を入れ、オリーブ油をぐるりと回しかける。❸パスタのゆで汁を少し加えて蓋をして強火にかける。❹貝の口が開いたらすぐに火を止め、貝を取り出し、煮汁だけ残しておく。❺スパゲッティは“アル・デンテ”のだいぶ手前でざっと湯を切り、中火にかけて温めた煮汁が入った鍋に入れる。❻ソースとスパゲッティをしっかり混ぜてあえ、なじんだら貝を戻し入れて強火にし、さらにあえる。❼塩味をととのえ、火を止める。❽オリーブ油をもうひと回しし、よくあえて温めた器に盛る。❾オリーブ油を回しかける。（写真はスパゲッティを煮汁のソースであえるときに右のトマトソースを少量加えたもの。入れても入れなくてもおいしくできます）

◎トマトのソース

❶スパゲッティをほどよい塩味をきかせてゆでる。❷その間にトマトソースを作る。鍋にトマトの水煮を入れ、オリーブ油をぐるりと回しかけ、塩をふる。中強火で煮る。時々混ぜながら煮て、水分がほどよく飛んだら火を止める。❸スパゲッティは“アル・デンテ”のだいぶ手前でざっと湯を切り、中火にかけて温めたソースの鍋に入れる。❹ソースがスパゲッティにからむようしっかり混ぜてあえ、塩味をととのえ、火を止める。❺オリーブ油をもうひと回しし、よくあえて、温めた器に盛る。❻オリーブ油を回しかける。

今日は先にお読みいただいたエッセイ「スパゲッティのおいしい召し上り方」から数品を細川亜衣さんに作っていただきます。レシピの再現は皆さまに委ねるとして、細川さんが現在よく作るというレシピのご紹介です。

〈まずはアル・ブーロ〉

——エッセイでは、バター・スパゲッティとして紹介されています。

「私も大好きなパスタです。ほかにアル・オーリオ（油あえ）、トマトソース、そしてアーリオ・エ・オーリオ（にんにく、油あえ）。これら定番の食べ方に結局のところ落ち着きます」

——材料はスパゲッティとバター、パルミジャーノ・レッジャーノとかなりシンプル。アル・ブーロの一番のコツはなんですか？

「おいしくするためのコツ？　2パターン考えられます。パスタをゆでてざっとお皿に盛り、バターをのせて余熱で溶かすタイプ。私が自分ひとりで食べるならこっちかな。だけど、より本格的なのはゆでたパスタを鍋に入れてバターを加え、少しバターの汁の中で煮る。さて、どちらを作りましょう？」

——両方おいしそうですね……。

「バターのしみたトーストがいいか、冷たいバターがのったトーストが好きかの違いみたいな」

——では、バターをのせるだけの方で。

「うん、おいしいですよ。この食べ方は、ある意味ちょっと日本的だと思うんです。釜揚げの麺のおいしさは特別

ですし。ちなみに、我が家ではアーリオ・エ・オーリオはいつも釜揚げ。小鍋に潰したにんにくと唐辛子を種ごと入れてオリーブオイルを注いでゆっくり温める。で、それをゆで上がったパスタにかけます。あとは、ほんの少しだけ魚醤を垂らし、生のオリーブオイルをたっぷりかけて、粗く刻んだイタリアンパセリをバッと上から散らす」

——讃岐うどんのぶっかけ的な。

「熱したソースの中であえるのがふつうだと思いますけど、そうすると、あの釜揚げの時の麺のおいしさには及ばない。とはいえ、ソースがしみたパスタもそれはそれでおいしいのですが」

——あー。

「だから、ちゃんとあえるならとことんあえるほうがおいしい。あえるときは、私はだいぶ硬めにパスタをゆでて、時間をじっくりかけてあえます」

——味をしみこませるのか、軽く味をのせたいのかで違うおいしさに。

「そう、同じパスタでも全然違う」

——そんなこと考えたことがありませんでした。トーストと同じわけですね。

「そう。私はどっちも好き。トーストの場合はバターを溶かすし、のせます」

——ダブル！　アル・ブーロでもそれはありですか？

「ありです（笑）。でも、本来、イタリアではあえるのがふつうですね」

〈トマトソースにとりかかる〉

——これは、いわゆるポモドーロのことですよね。

「ですね。そういえば、イタリアでは釜揚げでパスタを食べることはないと思ってたんですけど、ナポリの友人の家では釜揚げしか食べていませんでした。地方性なのか、その家だけなのか、トマトソースも上にふわっとかかってるだけ。知っているポモドーロとはまったく違う印象で……それぞれのおいしさがありますね。さて、ソースを作りましょう」

――伊丹さんのレシピだと、にんにく、葱、ローリエなども入りますが。

「私は、トマトの水煮に塩と油だけ」

――その3つを鍋に入れて中弱火で煮る。少し水分を飛ばしてから、スパゲッティとあえる、と。

「パスタはかなり硬めの状態で引き上げます。そしてお湯は切りすぎないこと。まだここから火を通します。お湯にも粉の旨味が残っているので、トングで引き上げて、そのまま鍋に入れる」

――お湯は切りすぎない。

「そう、えー、まだここで（と言いながら、鍋の中で菜箸をぐるぐる回してソースとパスタを混ぜている）」

――ここでしっかり混ぜる。

「混ぜるというか、煮ていくかんじです。パスタがまだ硬いから。邪道でも私はお箸で。がちゃがちゃ金属音がするのがいやだから。（生のオリーブオイルを入れてひと混ぜする）よし！」

――あえたあとにはソースは鍋に残らないわけですね。

「そう、ポモドーロは、トマトソースがざぶざぶかかっていてはいけません」

――そして、お皿は必ず温める。

「はい、必ず。パスタだったらゆでたあとのお湯をかけてもいいけど、だいたいオーブンで１００度に設定して。お皿が傷まない温度で10分くらい」

――エッセイ「温められた皿（p.51）」にも同じことが書かれています。伊丹さんの場合はオーブンじゃなくて……

「オブン、でしたね（笑）。はい、できました。これはおいしいよ。私はこれが一番好き。早く食べてほしい！」

――（慌てて撮影を終え）うん、おいしい〜。よくあえてるから味がしっかりなじんで。アル・ブーロはバターとチーズの旨味とまろやかさに夢中で、かきこむように食べてしまいましたけど。トマトソースは奥深い、ずっと食べていられそうなおいしさです。

「こういう料理はひとつの鍋でできるから、自分のために作るならその気楽さがちょうどいいですね」

〈3品めは浅蜊、改め蛤のソース〉

――今日は浅蜊が手に入らず、蛤に。

「熊本は、野菜に限らず、浅蜊も蛤も地ものがあって恵まれています。もう東京には戻れないくらい、熊本の食材は豊かでおいしいですね」

――蛤は地もの。ちなみに、トマトの水煮はどんなものを？

「イタリアのトマト缶ですが安いのでじゅうぶん。イタリアにいたとき、年金生活のご夫婦と暮らしていましたが、彼らはパスタも安売りで買う。オリーブオイルの産地だったから、オイルだけは上等でしたけど、何ひとつ特別なものは使っていなかった。でも、ごちそうになったパスタはどれもおいしくて、結局は塩梅だなと」

――そのお家で、いちばんおいしかったものはなんですか？

「まさにこのお宅で、生まれて初めて、オイルとチーズだけのパスタを食べたんです。パスタ・アル・オーリオ！病人が食べるパスタともいわれてて」

――おじやとかおかゆみたいな？

「胃に負担をかけないパスタですね。ホームステイ初日にごちそうになったのですが、具はなくて、見た目はチーズがかかっているだけ。それがあまりにもおいしくてびっくりしました」

――おっと、そうこうしているうちに蛤ソースが完成しました。

「伊丹さんのレシピでは剝き身の浅蜊でしたが、今日は殻付き蛤で、さっきのトマトソースを少し。入れずに白く仕上げるのも好きです」

――パスタはリングイネ。平たい形が魚介のソースと相性抜群です。蛤のせいか旨味がすごいです！

「浅蜊でもじゅうぶんおいしいですよ。あえてワインもにんにくもハーブも入れず、貝だけの旨味で仕上げるのが最大のこつです」

――パスタおそるべし、です。

〈ズッパ・ディ・ヴェルドゥーラについてのあれこれ〉

（台所で細川さんが「うーん、おいしい」と唸っている。どうやらスープの味見をしているようす）

――伊丹レシピとはだいぶ違いますね。

「はい。そしてイタリア料理とも違う野菜のスープです。これはかなり私流。オーブンで蒸し煮にすることで、野菜が煮崩れず、煮汁が驚くほどすっきり透明に仕上がります。盛り付けるときは野菜の形を生かしてこんもりと。そして、この本が夏の発売と聞いたので、ちょっとぬるめにしました」

――スープは熱々がおいしいというイメージですが。

「ぬるーいのもおいしいですよ。野菜の煮物と考えれば、ぬるめで味がしみたのもおいしいし。ただ、冬は体が温かいものを欲するから、熱々が求められますよね。真夏だったら、冷まして食べるとおいしいことを、夏のシチリアで教わりました」

――オーブンで煮るのは、煮崩さないためですか。

「形というより、野菜の味の出方がまったく違うから。煮崩れない＝つまりは旨味が野菜のなかに残る」

――素材が素材のままおいしく在るってことですね。

「伊丹さんのレシピは、煮崩れて渾然と一体になったおいしさで、イタリアのズッパ・ディ・ヴェルドゥーラのおいしさそのものなんですけど、私はこっちが好きだなあ、って思うから」

――ご自身のものさし。

「もちろんイタリアの伝統的なレシピも知っていますが、長年料理の仕事をしてきて、自分のなかでおいしいと思うものが定まってきています。トマトソースにしても、イタリアで塩とオイルしか入れない人は私は見たことがありません。でも、トマトそのもののおいしさを突き詰めたら、自然とそうなる。とはいえ、トマトの質やその日の気分で香味野菜やハーブを加えることもあります。大事なことは、レシピを決め込まず、その日に自分が目指す味に仕上げるところかな」

――そういえば、伊丹さんもイタリア料理は家庭料理の延長みたいなもので、特別なものじゃないと書いています。

「そう、外食と家の食事との差がそもそもあまりない国なんじゃないですかね。当初は私もお店でいろいろ食べてみたかったけれど、ステイ先で『なぜお金を払って食べに行くんだ、うちで食べたほうがずっとおいしい』って。それが今すごくよくわかる。熊本で暮らしていると、よほどのことがないかぎり、家で食べるほうがおいしい」

――エッセイのなかに「根本精神をあやまたずに盗め！」という一文がありますが、細川さんはその精神の継承者のように思えます。おいしさの根っこを1㎜たりとて逃さないその姿勢！

「今回、伊丹さんの本を改めて読みま

したが、渡邊かをるさん（アートディレクター。骨董、美術品に造詣が深く、粋なセンスで知られた）を思い出しました。すばらしくお料理が上手な方で、食材も器も超一流だった。おふたりとも日常料理とは違うと思いますが、独自のスタンスで料理を楽しんでいて」――パスタとズッパをごちそうしたかったですね。

「食べてみてもらいたかった。伊丹さんの煮込んでグズグズになったズッパもおいしいけど、私のもかなりおいしいと思いますから！」

さて後日、細川さんからスパゲッティの極意が書かれた便りがありました。以下に記して終わりとします。

◯スパゲッティのゆで方について。

上質なものほどのびにくく、安価なものは表示通りにゆでても柔らかくなりやすいので、袋に書いてあるゆで時間はあくまでも目安としてとらえます。自分がどんな硬さが好きか、調味料やソースをかけるだけなのか、火を通しながらソースとあえるのかによってゆで時間を決めましょう。わからない時は味見をしてみるのが一番です。

素材は上質なものを使えばもちろんその分おいしくできます。ただ、それと同じくらいおいしさを左右するのが、塩加減、火の通し方、パスタに対するソースの量のバランス、あえ方、食べる時の皿の中の温度（皿の温度や室温も関係してきます）などなど。

あとは食べながら反省したり、自画自賛したり、繰り返し作ってみないと、そもそも他の食文化圏の食べ物なので、そう簡単にはイタリア人が作るような絶妙なバランスにはなりません。イタリアでごく普通の家や食堂のパスタを繰り返し食べてみるのが一番ですが、なかなかそうはいかないですね。とはいえ、ゴールを知らずにおいしい料理を作るというのは、正直なところなかなかハードルの高いこと。なので、経験不足をカバーするとしたら、あとはおいしくしたいと願う強い思いに尽きるのではないでしょうか。

しかし、当然ながらイタリア人はそんなに難しいことは考えずに、日々パスタを作っています。私たちがみそ汁を作るのに毎度神経質にならないのと同じことです。でもそこはあきらめず、細かな取り組みや情熱でカバーしましょう。情熱をもってみそ汁を拵える外国人がいるとしたら、情熱をもたない日本人が作ったみそ汁よりずっとおいしいはずです。

細川亜衣　ほそかわ・あい

1972年岡山県生まれ、東京育ち。料理家。熊本市のtaishoji（www.taishoji.com）を拠点に料理会や各種展示会などを開催。『料理集　定番』（アノニマ・スタジオ）、『旅と料理』（CCCメディアハウス）など著書多数。

スパゲッティの裏に伏兵あり

スパゲッティはスープと同じファースト・コースに属する。そうして同じコースから二つの料理を選ぶことはできないから、イタリー料理のスープというのは、自然あまり人に知られない存在なのだ。どうしても人人はイタリー料理店ではスパゲッティを食べてしまうものね。

　ところが、スパゲッティの裏に意外な伏兵が忍んでいたのである！　ズッパ・ディ・ヴェルドゥーラという、すなわち野菜スープであるが、これをイタリー料理店で食べてごらんというのではない。そもそもイタリー料理というものは、実にイタリーの家庭料理の延長であって、たとえばフランス料理や、日本料理のように、店で食べる物と家庭で食べる物との間の大きな差というものがない。つまり、イタリー料理店で食べた物は、まず百パーセント自宅で同じ味を復元できるものと考えてまちがいない。

　このズッパ・ディ・ヴェルドゥーラなんぞはまずその最たるものであるといってよろしい。なにしろ野菜の残り屑《くず》でできるのである。材料を無駄にしない、ということが家庭料理の一つの眼目であるとするならば、これほど家庭料理の精神に適《かな》うものはないのであります。

　まず、野菜を賽《さい》の目に切る。野菜は普通じゃがいも、人参《にんじん》、玉葱《たまねぎ》、それにセロリを使う。スープ鍋で、細かく切ったベーコンを炒め、これに野菜を加えてざっとかきまわし、野菜が軟くならぬうちに水を加え、塩胡椒し、あとはとろとろと煮込むだけのことである。ただし、野菜の形がなくなってしまうまで煮てはよくない。やはりじゃがいもや人参の小さな賽の目がごろごろしていないとおもしろくないのである。

　どうも例によって簡単すぎて恥ずかしいような料理であるが味は私が保証する。パルミジャーノというチーズをおろしたものを大匙《おおさじ》三、四杯も振って食べるのであるが、熱くてよし冷くてよし、朝食によし、深夜飲みあきて、ちょっとひと休みという時によし、保存はきくし、こんな便利なものはない。

◎ズッパ・ディ・ヴェルドゥーラ

●イタリア料理に欠かせない香味野菜、玉ねぎ、にんじん、セロリ。さらに、トマト、じゃがいも、乾燥豆をゆでたもの、あとはズッキーニやいんげん、青菜など何かしら青い野菜。これらが入れば申し分ない。ちなみに今回は、3つの香味野菜のほか、トマト、じゃがいも、グリーンピース。❶ 3つの香味野菜をまず軽くオリーブ油と塩で炒め、その後にほかの野菜を加える。❷ 水と塩を加え、オリーブ油をひと回しして蓋をして煮立てる。❸ 150℃のオーブンで1時間ほど蒸し煮にする。蒸しあがったところで青菜をのせて蓋をして余熱を加える。❹ 温めた器に注ぐ。

ダッグウッドの悦《よろこ》び

五つか六つの頃、私は一つの食べ物を発明した。すなわちサラダ菜のサンドウィッチである。うちの庭の小さな菜園からサラダ菜の葉っぱをちぎってきて、苺ジャムを塗りたくったパンにはさんで食べる。ただ、それだけのものであるが、このサンドウィッチがいかにうまいか。どう説明しても、みなさん半信半疑という顔でしか聞いてくださらないが、私は子供心にもサラダ菜と苺ジャムという取り合わせは絶妙であると思った。この考えはいまも変らない。

私はダッグウッドと同じで、サンドウィッチにはなんでも詰め込むのが好きなほうである。ダッグウッドを知らぬ方はないと思うが、念のためにいうなら、ダッグウッドが、つまり漫画の主人公のダッグウッドが、深夜パジャマ姿で台所に起きだし、そのへんの食べ物をあらいざらい詰め込んで、およそ手風琴ほどもあるサンドウィッチを作る。満面笑みを浮かべて食いついたとたんに、サンドウィッチの中に紛れこんでいたハーモニカがピッと鳴って奥さんを起してしまう。すなわち大いにやりこめられる。と、まあこういう精神の漫画が戦後大いに流行したことがあって、以来、材料を一杯に詰め込んだ特大のサンドウィッチをダッグウッド・サンドウィッチといいならわすようになったのですね。

いろんな料理に、飽き飽きして、なにを食べていいかわからない、という時にダッグウッド・サンドウィッチはまさに好適のものであります。

サラダ菜、胡瓜《きゆうり》、トマト、ロース・ハム、やわらかく作ったスクランブルド・エッグ、オイル・サーディン、バター、ジャム、マヨネーズ、マスタード、こういうものを食卓の上に賑《に》ぎにぎしく取り揃えて、片っ端からパンにはさんで食べる。少くとも厚さ四、五センチのサンドウィッチを作って、行儀にかまわず食べる。これがダッグウッド・サンドウィッチの神髄であります。

ただし、ロース・ハム、スクランブルド・エッグなんかは売れ足早く、すぐなくなってしまう。そういう時にぜひ試していただきたいのだ。私が五歳にして発明した、サラダ菜と苺ジャムのサンドウィッチを。

ピクニックの巨大な昼食

フランスの田舎で初めてサンドウィッチを食べた時には驚いた。パンというのが、およそ大の男の二の腕ほどもあるフランスのパンである。こいつは、皮なんか硬くてバリバリして、噛《か》んだとたん細かく砕けた皮の破片が口の中一面に突き刺さるかと思うくらいだ。

このパンを横一文字に二つに切って、切り口にバターを塗り、サラミ・ソーセージの薄切りを並べて蓋《ふた》をする。

こいつをサンドウィッチといって出された時には驚いたね。まるで食べ物らしい愛嬌《あいきょう》というものがない。

ところが、この農民的なるものが素敵にうまいのだから神秘ではないか。すなわちパンがうまいのだ。それとわからぬくらいの塩味と、乾いているかと見えて、ひそかに湿っているごとくでもあるフランスのパン独特のでき具合いが、日本のパンでいうならゆうに三斤《きん》はあろうかという巨大なパンに対して、少量のバターとサラミ・ソーセージ数片という、まるで人間の感覚を無視したサンドウィッチを成立させるのである。

サラミ・ソーセージのかわりに、チーズを入れたものやレヴァー・ペーストを入れたのもある。いずれにしても、今一度いいますが、コレハウマイ！

カンヌやニースへゆくと、同じてのものでサラド・ニソワーズを入れたものがある。これもやはり巨大なパンを使う。普通、直径三十センチくらいの、さよう丸い座蒲団《ざぶとん》のようなパンを使う。このパンを、やはり水平に二つに切って、サラド・ニソワーズを大量に詰め込む。これは遠足のお弁当に好適である。作ってから三十分くらいおくと、サラダのドレッシングがパンに浸《し》みこんで、パンが実にいい具合いに潤《ほと》びるのである。

南仏におけるピクニックの昼食は、それゆえ、サラド・ニソワーズのサンドウィッチと、飲み物はヴァン・ロゼ、これに決った。数量は、一人当り、その直径三十センチの丸い座蒲団一個、ロゼを一罎《びん》、であろう。この分量が、なんということなしにはいってしまうのです。むしろ、これは軽い食事といってもいいのであります。

キューカンバー・サンドウィッチ

オスカー・ワイルドの戯曲に「アーネストであることの重要性」というのがあって、この芝居は「キューカンバー・サンドウィッチ」に関するやりとりから始まる。キューカンバー・サンドウィッチ、すなわち胡瓜のサンドウィッチは、イギリス上流階級の典型的なお茶菓子であって、それゆえ幕が上ったとたんに、舞台の人物がイングリッシュ・ティーを飲みながら、完璧《かんぺき》に上流階級の英語でもって朗朗とキューカンバー・サンドウィッチのことなぞ話している、ああ、この芝居は上流階級の話だな、と一瞬にしてわからせるのである。

ところで、このキューカンバー・サンドウィッチであるが、これは実にけちくさく、粗末な食べ物でありながら、妙においしいところがある。

胡瓜のサンドウィッチというと、みなさん、胡瓜を薄く切って、マヨネーズをつけてパンにはさむとお考えだろう。違うんだなあ、これが。マヨネーズなんか使うのはイギリス的じゃないんだよ。

マヨネーズじゃなくて、バターと塩、こうこなくちゃいけない。パンは食パン、このサンドウィッチに限り、パンがおいしい必要は少しもない。イギリスや日本の、あのオートメイションで作られた、味もそっけもない食パンというやつ、あれでよろしい。この食パンをうんと薄く切り、耳は落してしまう。これにバターを塗りつけ、薄く切った胡瓜を並べ、塩を軽く振って、いま一枚のパンで蓋をする。これを一口で食べやすい大きさに切って出す。たったこれだけのものなんだが、不思議とイギリス以外の国ではお目にかかったことがない。

さて、外国のサンドウィッチについてばかり書いてきたが、しからばわが国特有のサンドウィッチはなんぞや。私はためらわずに「カツパン」をあげるね。

どういうものか、私は宿命的にああいう下品なものが好きなのです。コッペパンの中に、薄い薄いトンカツの冷えたやつと、キャベツの刻んだやつをはさんでトンカツ・ソースをかけた、あの「カツパン」というしろもの。

孫娘に小銭を握らせて、ひそかに「カツパン」を買いにやらせる老人――そういう老人に私はなるかもしれない。

サラダにおける本格

一例をあげるなら、クレソンのサラダというものがある。クレソンとは水辺や湿地に生える、一種ほろ苦い辛みのある草である。和名をミズガラシという。要するに、ビーフ・ステイクのつけあわせについてくる、太い茎に、小さな丸い葉っぱのついた緑色の植物、あれです。

　このクレソンだけでサラダを作ってみよう。これはかなりヨーロッパの味覚であります。ドレッシングは、後に詳述するが、まずオリーヴ油にレモン、これに酢をちょっときかせる。そうして、作る過程で大蒜《にんにく》、胡椒《こしょう》、マスタードの粉、塩、なんぞが少しずつはいる。クレソンのサラダの場合は、砂糖をほんのちょっぴり、隠し味として用いることが有効である。

　同じように、胡瓜《きゅうり》のサラダ、トマトのサラダも結構である。胡瓜はあまり薄く切ると水が出てよくないから注意。トマトはごく大まかにぶつ切りにする。ドレッシングには大量のパセリをみじん切りにして入れよう。黒胡椒も思い切りたくさん、がりがりと挽《ひ》いて入れよう。

　もっと賑《にぎ》やかなサラダを好む人にはサラド・ニソワーズがよろしかろう。つまりニース風のサラダである。これは実に満艦飾という言葉がぴたりとくるサラダでありまして、まずサラダ菜、胡瓜、トマト、セロリ、玉葱《たまねぎ》、赤蕪《かぶ》なんぞの野菜に、罐詰の鮪《まぐろ》、アンチョビィ少少、それから茹玉子を輪切りにしたものをどっさり入れて、最後に黒いオリーヴの実をあしらうのである。

これはごく鄙《ひな》びた味わいの、いわば田舎の大御馳走《ごちそう》でありますからして、決して茹玉子の輪切りを綺麗《きれい》に飾りつけたりなどしてはならない。いわんやレタスの葉を下敷きにしてお上品に盛るなんぞは烏滸《おこ》の沙汰《さた》といわねばならぬ。大きな木の鉢の中でドレッシングを作り、そこへ右の材料全部を入れてかきまわす。（ドレッシングというのは野菜の上からかけるものではない。必ず先にサラダ・ボウルの中で作るものと知るべし）これをそのままどんと食卓の中央に据える。こういう精神のものでなければなりません。

ベスト・ドレッシング

瓶入りのサラダ・ドレッシングというものがある。フランス人が聞いたらきっと腹を立てるだろう。サラダを作るにあたって、ドレッシングを自分で作らないとするなら、その人のすることはなにもないではないか。そこまで無精になってしまってよいものか？

日本人は一体に洋食を作るのが下手糞《へたくそ》である。これは、ある程度ソース屋とマヨネーズ屋の罪であるかもしれぬ。

料理の一番肝腎の味のポイントとなるべき、ソースやマヨネーズあるいはドレッシングにすべて既製品を使う。これで料理が上手になるわけがない。

ドレッシングなんていうのはね、あなた、私にいわせれば料理人の個性そのものだと思うよ。既製品のドレッシングを使う人は、人間も既製品ということだ。

ドレッシングを日本人は少し軽く考えすぎていはすまいか。お酢と油と塩胡椒でもって、ちゃっちゃっと作る。あんなものは初歩も初歩、まるで原始的なもんだ。

そもそもお酢の使い方がおかしい。私はレモンのほうがいいと思う。レモンを主体にして、そこへお酢をちょっときかせるのだ。胡椒だって、やっぱり胡椒の実をその場でがりがりと粉にして使わなけりゃ、風味がなかろう。大蒜を入れることも重要である。おろして入れる人もあるが、やはり一番うまいのはサラダ・ボウルの中で大蒜をスプーンかなんかで潰《つぶ》す。これが本格だと思う。

マスタードの粉をちょっと入れてかきまわす。これも重要なことだ。そうしてごく少量の砂糖、こいつが一ぺんに味に奥行きをつける。ことにクレソンみたいな苦い野菜のサラダを作る時、砂糖は絶対である。野菜サラダを作るならせめてこのくらいの気を使ってほしい。

野菜の水はよく切ろう。そうして、ドレッシングは食べる直前に作ろう。できあがったサラダをタッパーウェアかなんかに入れて冷蔵庫にしまっておく、ということをしないでください。食べる人にとっても野菜にとっても、そんなことは侮辱でしかないのだ。

中村好文さんインタビュー

伊丹さんと台所。

中村好文　なかむら・よしふみ

建築家。1948年千葉県生まれ。レミングハウス主宰。住宅の設計、台所のデザインの名人。料理も食べるのも好き。『百戦錬磨の台所』(vol.1・vol.2、学芸出版社)、『意中の建築』(上・下巻、新潮社)等著書多数。

愛媛県松山市、瀬戸内海の西の端へと流れる小野川のほとりに伊丹十三記念館はある。焼杉の黒い板張りに水平に伸びる庇、大きな桂の木が葉を揺らす中庭をぐるりと囲むように建つ記念館は、静けさを湛えながらもどこか親しみを感じさせる佇まいだ。

２００７年に竣工したこの記念館を設計したのは、建築家の中村好文さん。開館記念の「お葬式」展以来16年ぶりに、新しい企画展のディレクションに取り組むことになった。

「〝伊丹十三の 食べたり、呑んだり、作ったり。〟というのが、今回のテーマです。ほんとうにおいしいものを求めていた伊丹さん、お酒を呑むのにもこだわりがあった伊丹さん、そして日常的に料理を実践していた伊丹さん――それぞれに焦点をあてる企画展です。伊丹さんはさまざまな顔を持った多才な人でしたけど、このテーマは伊丹さんを知るうえでもとりわけ大事だし、見てもらえるものもたくさんある。主に住宅設計の仕事をしているぼく自身にとっても〝台所まわり〟はゆるがせにできない場所ですから、構成と展示には力が入りますね」

手元には、企画展のイメージ模型が

ひとつ。その小さな空間をのぞくと、伊丹十三のエッセイで見たことのある線画が大きく引き伸ばされて、壁に配置されている。

「まだアイデアの段階なんですけど」と中村さんは腹案を教えてくれた。

「伊丹さんは精緻なデッサンも上手ですけど、ぼくは料理のエッセイにつけていたユーモラスな線画《イラスト》が大好きなんです。デッサンよりも線画のほうが個性が出るでしょう。ときどき短いことばも添えられていたりして。あのスタイルはほかに描ける人がいないんじゃないかな。だから思いきり大きくして壁面に展示してみたらどうかと……」

　台所道具やカトラリー、食器など、記念館に保管されている膨大な愛用品をテーマ別に展示する。まずは記念館にあるものを全部出してもらい、ずらりと並べて、ひとつひとつをじっくり見ることで構想をかためていった。

「今も宮本信子さんがご自宅でひきつづき使ってらっしゃるものも見せてもらいました。70年代に湯河原の家で伊丹さんが使っていた冷蔵庫やマジックシェフ（アメリカ製のガスレンジ）の現物もはるばる運んでもらって展示できることになりました」

　仕事のやりとりのＦＡＸも取ってあるほど、大事なものを捨てなかった伊丹十三。記念館に遺された収蔵品は８万点にも及ぶ。なかには膨大な数の取材録音テープや出演したテレビ番組やＣＭ映像もあり、新婚まもない宮本信子さんと京都を巡るテレビ番組『遠くへ行きたい』には、料理や道具がいろいろ出てくる。その映像も一部編集して会場で見てもらいたいという。

企画展のための模型。エッセイ「二日酔の虫」の挿絵などを大きく配置する予定。

人生を導いてくれた
伊丹十三という存在

　そもそも、中村さんが伊丹十三に傾倒するようになったのはいつの頃からなのだろう。

「建築科の学生で22歳のときでした。まずは『女たちよ！』を最初に読んでびっくりして、『問いつめられたパパとママの本』、そして『ヨーロッパ退屈日記』と立て続けに読んで、もう染料を頭からザブッとかぶったように染まっちゃいましたね」

　そのエッセイは１９６０年代、青年俳優であった伊丹がイギリス、イタリア、フランスの文化、風俗のなかに身を投じ、個として堂々と、しかも楽しく暮らした経験から、食生活やマナー、文化や思想を洒脱な文章で伝えるものだった。添えられるイラストもデッサンあり線画ありと縦横無尽の達者さ。多感な若者だった中村さんは、出合い頭に魅了されてしまったらしい。

「なんていうか、あのとき自分が無意識のうちに求めていた世界がその本の中にすべてありました。そしてそれをあのような文体で綴ってくれた。しかも書いた人が27、８歳だというのもまたすごいなって。ぼくよりちょっと年上だった青年時代からこんな美意識を持った人がいるんだと驚きましたね」

ずらりと並べられた道具類を吟味する中村さん。
「道具もいいものばかり。さすが伊丹さんですよね」

伊丹十三のモノについてのこだわり、それを正しく使いこなそうとする態度にも共感することが多かった。

「ぼくも子供の頃からものを選ぶものさしみたいなものが自身のなかにあって、愛着を持ったものはずっと大事に使ってましたから」

台所にこだわる建築家になったのも伊丹さんの影響があるか尋ねると、

「それは間違いなくそう」と頷いた。

「ぼくが料理を始めたのは伊丹さんの本を読んだからなんです。無性に料理がしたくなって、台所のある部屋に引っ越しました」

当時、賄い付きの下宿に住んでいた中村さんだが、学生運動が盛んな時代、大学はロックアウトになり、生活も次第に不規則になっていった。

「帰りが遅くなって夕食を突然キャンセルしたりするのが申し訳なくて、自炊のできる物件を探してね」

その初めての台所は、中村さんの著書『百戦錬磨の台所ｖｏｌ．２』の巻頭にイラストレーション付きで紹介されている。湯気のあがる鍋が置かれたひと口コンロに小さな流し、壁には有孔ボードを使ってざるや菜箸をきちんとレイアウト。包丁や布巾のためのスペースもしっかり確保され、小さくとも完璧な〝台所デザインことはじめ〟。精緻でいながら手触りの残る線で描かれる絵は、どこか伊丹十三の線画にも通じ、親密なユーモアを漂わせている。

この小さな台所で、若き中村さんが初めて作った料理は、と聞くと、

「当時、カルボナーラをよく作りましたね。そうそう、『日本世間噺大系』に載っていた〝プレーン・オムレツ〟も読んですぐ試した。洋食屋のオヤジに作り方を教わるんだけど、完成間際にフライパンの柄のところを最後にトーン、トン、トンと叩いて裏返すところなんか、すごい臨場感があってね。伊丹さんのエッセイは、パスタにしろオムレツにしろ、読んでおもしろいだけじゃなくて、自分でも作りたくなってくるんですよ。しかも、作るときには全部、ポイントが具体的におさえてあるのでちゃんと再現できる。それもすごいですよねえ」

伊丹さんから学んだことを形に

伊丹十三記念館の設計を担当することになったとき、「伊丹十三記念館という容れものを作っておしまいにするつもりはまったくなかった」という。

「ぼくは伊丹さんから学んだことがほんとうに多いから。考え方や物事に対する姿勢、ある種のユーモアとウィットみたいな感覚的なことも含めて。多感な時期に影響を受けて建築家となって、伊丹さんがいなかったらまったく違う人生を辿ったかもしれない。だから、伊丹十三から学んだことを建築の形にして見ていただこうという、卒業設計みたいな気持ちで取り組みました」

『ヨーロッパ退屈日記』のエッセイに描かれた蟹の殻割りの現物。中村さんも同じものを持っているという。

建物の設計はもちろん、常設展示はどうするか、企画展はどんなふうに見せるか、カフェのメニューはなんにするか。館長である宮本信子さん、映画作りの長年のパートナーで伊丹プロダクション社長だった玉置泰さん、ご子息の池内万作さん、万平さん、そして建築家として中村さんを推薦した松家仁之さん（作家。当時は新潮社の編集者）と湯河原の家で合宿をして、ひとつひとつ話し合い、決めていった。

「多面的な人で経歴も多彩だったから、そもそも伊丹さんはどんなことをしてきた人なのかという洗い出しから始めた。イラストレーター、俳優、料理通、とひとつひとつ数えていったら13番目が映画監督。漢数字で表したら〝十三〟、でめでたく落着してね。そうやって、テーマで区切った常設展示の構想がまとまっていったんです」

一から十三までコーナーを見ていけば、伊丹十三の人となり、人生のなりゆきまでが見えてくる。そんなふうに伊丹十三への卒業設計を提出してから16年。今回の台所展は恩師への久しぶりの便りであり、これまで伊丹十三をあまり知らなかった人へ届けるメッセージともなりそうだ。

「伊丹十三という、人生の水先案内人的な〝伯父さん〟がいたってことを多くの人に知ってもらえれば、うれしいですね」

誕生日に妻と次男から贈られた有次の卵焼き器。卵を7個使用する特大サイズのため、家族は食べるのに難儀したという逸話も。

使う

愛媛・松山の伊丹十三記念館に収蔵されている
道具や食器を眺めてみると、いかに伊丹十三が
台所に立つことを愛していたかがよくわかる。
ずらっと並んだ有次の包丁。
使い込まれた圧力鍋（おもに玄米炊飯用）。
見慣れぬ形のカレー鍋に、豆腐すくいや
鬼おろしといったこまごまとした道具類もたくさん。
納得の一流好みである一方、実用第一、そして
少し愛嬌を持ち合わせたものを好んだ節もある。
家で使うグラスはバカラを愛用したが、
食器棚の同じ棚に、酒屋でもらったような
コカ・コーラのコップも並んでいたという。
「この形がいいんだって、お気に入りでしたね」
流線型のシェイプを手でなぞりながら、
妻の宮本信子さんがそう教えてくれた。

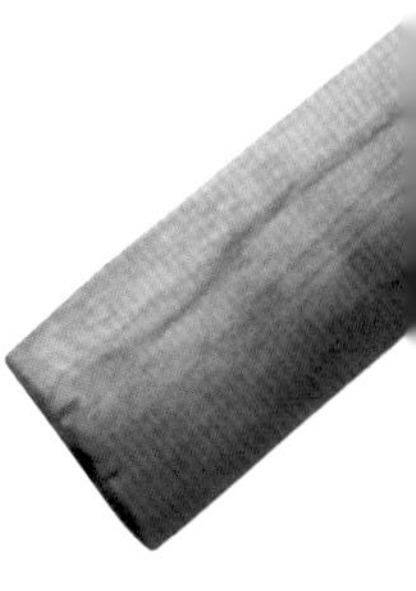

唇の感触

ナイフとフォークは金をもって最上とする。値段が高いから、というのではない。味がいいというのである。たしかにフォークというものは相当に物の味を損う。あの四本の先が唇や舌にさわる感触もよくないし、ことに銀のフォークの場合、あれは錆《さび》のせいであろうか、妙にぴりりと舌を刺すような、いやな味のすることがある。

フォークだけではない。スプーンだってそうだ。つぼめた唇からスプーンを抜きとっていく時の、あの下唇に当る、妙につるりとした丸まっこい感触と、上唇に当る、スプーンの両縁が食い込むような感触との不調和などというものは、なかなか言葉には尽しがたいものがある。

ことに私が大嫌いなのは、スプーンの底が平らになっていて、その平らな部分がざらざらになった、苺《いちご》を潰すためのスプーンである。あのスプーンでフルーツ・カクテルなんか食べる時の感触は、唇でイーピンを盲牌《モウパイ》してるような感じだ、と私は思う。

ストローというものも、私は、あまり好まない。ストローで飲んでおいしいという飲み物のあったためしがない。ことに、なんだね、あのプラスチックのストローというのは、白くて、ツルツルしてて、唇で銜《くわ》えると妙な弾力があって。

それから、あの、なんとかドリンクというたぐいの、栄養剤についてる極細のストロー。あれは絶対に許すことのできぬもんだね。あんなものが文化だと思われては断じて困るのである。

やはり食べる道具で一番高級なのは箸でしょうな。それも杉箸。

象牙《ぞうげ》の箸は、歯にかちかちと当る感触が堅いし、塗りの箸は、あのつるりとした表面が無趣味な感じだ。プラスチックの箸は、象牙と塗りの両方の欠点を兼ねそなえて論外。やはり箸は上等の杉箸に限ると思う。

尤《もっと》も辻留さんによれば象牙の箸にもいいところが一つあるという。

「象牙の箸のええとこは、お茶漬食べる時でんなあ。ホレ、音がしよりますやろ」

つまり、お茶漬をさらさらとかき込むとき、箸が茶碗《ちゃわん》に当るかちかちという音が爽やかである、というのだ。なるほどそうかもしれない。

参考までに、辻留さんに教わった箸屋さんを紹介しておきます。

京都市中京区四条堺町　市原箸店

この店の「杉柾《すぎまさ》、利休形割箸」というのが、まず割箸の日本一でしょう、という話であった。

食器というものを、われわれは唇や舌で、知らず知らずのうちに味わっているわけで、たとえば同じビールを飲むにしても、ジョッキで飲むのと、薄手のグラスで飲むのとではずいぶん味わいが違う。

つまり、口に当る部分の厚みと、その厚みのアール、というか、曲率というか、つまり、厚みというのは口当りのいいように丸く角を落してありますわな。このアールが食器の口当りを決定する要因であると思われる。

すなわち、アールの大きいもの、つまり厚手のものと、アールの小さいものを比べるなら、概して大きいもののほうが口を離れる時に余韻《よいん》を残す。たとえば味噌汁を飲むお椀などは、絶対に厚手のものでなくてはならぬ、と思う。牛乳なんかも、薄手のグラスに注いで飲むよりは、瓶からじかに飲んだほうがよほどおいしい。

酒の場合も、いや、酒の場合はちょっとむつかしい。大ぶりのぐいのみで飲みたい、という気分の時もあるし、きょうは絶対に小ぶりの、薄手の伊万里《いまり》の杯でなければならん、という日もある。

杯というもの、ついでにいうなら、家へ客がきて小宴を張る。この時、客全員に揃《そろ》いの杯、というのはいかにも味気なく、野暮である、と思う。めいめい好みの杯を傾けるのでなければ、酒という気がしないのです、私は。

ビールの場合も、厚手、という気合いのときと、薄手のグラスで喉《のど》を潤《うるお》そうという場合があるが、私は概して厚手のものを好む。

最後に、絶対に薄手でなくちゃならんもの。これはカクテル・グラスだろうね。やはりよくできてるよ、世の中は。カクテルの冷えびえとしたシャープな味わいには、なるほど余韻は不要でしょう。カクテル・グラスの薄い縁が、それを断ち切ってくれるのである。

温められた皿

料理は今やできあがろうとしている。人数分のお皿を温いオヴンにほうりこむ。テーブルにテーブル・クロスをしく。ナイフとフォークを並べる。ナプキンを置く。――サア皆サン、席ニツイテクダサイ――パンとバターと葡萄酒《ぶどうしゅ》とグラスを出す。台所へひきかえしてオヴンから温いお皿を出し料理をつぐ。――およそ料理をしたことのある人ならだれでも知っているだろう、心の浮き立つような一瞬である。

外国人というのは家庭で料理を作る時にでも実にまめまめしくお皿を暖める。温い料理は温く給するのが当然の理屈であって、お皿を暖めることは、当然料理の一部分である、ということがまったく自然に身についている人が多いのだな。料理を出す何分か前になると無意識にお皿を暖めるだんどりを始める。

私の経験では日本の主婦はこの点概してずぼらであるようだね。温い料理を平気で冷いお皿に盛る。これはたいへんに損なことだと思う。お皿が温いという、こんな簡単なことで、料理がどれだけ豪華で心の籠《こも》った印象をあたえることができるか、そのことに、深く思いをいたしていただきたいと思うのである。

レストランやホテルへいくと、今度は家庭と逆に行き過ぎの現象があらわれてくる。たとえばビーフ・ステイク用の木の縁のついた鉄の皿。さめにくいというのが目的なら、なにもあんなにお皿を焼くことはない。出てきた時にレアであったビーフ・ステイクが食べるに従ってウェル・ダンになってくる。

それにつけあわせのクレソンが熱で黒っぽくしなびているのなんかも不愉快ではないか。クレソンは青青としてしゃきっとした歯ごたえがあってこそビーフ・ステイクのつけあわせなのだ。

あるレストランでつけあわせの野菜に、タルタル・ソースをかけてくれた。ところが、あの鉄の皿というのは熱いフライパンと同じ効果を持つのだね。ウェイターがうやうやしく注いでくれたタルタル・ソースが、じゅっという音とともに一瞬のうちに「お好み焼」になってしまうのを、私は呆然《ぼうぜん》として眺めていたのである。

サムの土鍋

三年前にアメリカへ渡り、皿洗いをしながら勉強している年若い友人から手紙をもらった。中に「早くみんなに会いたいな、東京へ帰りたいな、タイチリが食べたいな」とあった。遥《はる》かな異国にあって、サムとかチャーリーとかいう浅ましいニック・ネームまでがすっかり身についてしまった今、彼は七輪の上で湯気を立てる土鍋や鯛《たい》や白菜やぽん酢の匂《にお》いなんぞを、まるで手にとるように思い出しているに違いないのだ。人ごとながら遣瀬無《やるせな》い。

そういえば、そろそろ土鍋の季節であった。冬になって、いかにも羨《うらや》ましい具合いに使いこまれた土鍋が出てくる家庭というものは、なんとも奥床しいものである。その家の食生活の長い年輪を感じるのである。われわれ若僧の所帯は、いつになっても土鍋が変に真新しくて、ま、いっても詮《せん》ないことだが、興味半減なのですな。

　私は土鍋は京都で買うことにしている。現在六つくらいの土鍋でローテイションを組んで、なるべく均等に使うようにしているから、古びてゆく速度はおそろしくのろいのだが、私はこの土鍋を全部京都の窯元《かまもと》で買った。窯元で買うと、土鍋なんていうものはなんとも安いものである。

　たとえば直径二十センチ、二十五センチ、三十センチの土鍋が、百八十円、三百円、五百円という塩梅《あんばい》である。「じゃあ、三つで千円というもんだね」と千円札を出すと「いや、九百八十円どす」といって、ニコリともせずに二十円のおつりをよこした。

　窯元で聞いた新しい土鍋を使う上の注意は、使う前に底に墨を塗る。火にかける時、外側が決して濡《ぬ》れていてはいけない。使い馴《な》れるまでは瓦斯にかけないなどであった。七輪や炭火に無縁になりつつある現代人には、これはなかなかむつかしい注文かも知れないが、ともあれ、今年も私はまた新しく土鍋を三つ買おうと思っている。アメリカで苦学している「サム」のための、せめてもの心意気に、彼のために土鍋を少しでも使い古しておいてやろうと思うのだ。

香港に行ったときに買ってきたという、クリストフルのシルバーカトラリー、フルセット。ほかにアイスペールやシャンパンクーラーも。思い切りのいい買いものをする人だった。

ロケや旅行のたびに気に入りを見つけては購入するので、どんどん増えていったという包丁。伊丹さんは研ぐのもうまかった。

独身時代から京都・有次の雪平鍋を愛用した。
残された鍋は大小合わせて７つ。柄は朽ちたか収納のためか、すべて取り外されていた。

包丁の正しい持ち方

たいていの家庭では俎《まないた》は真ん中が窪《くぼ》んでいる。真ん中が窪んでいるから包丁と俎の間に隙間《すきま》ができる。ざる蕎麦の薬味に葱《ねぎ》を刻もうというような時には、だからいくら力をこめて刻んでも、一番下になった皮が切れないから、刻んでから持ち上げると、全部が一つなぎにつながっている。

ところが、料理屋の俎を見ると、まずたいてい、家庭とは逆にかすかな蒲鉾《かまぼこ》型に、外側が窪んでいるのですね。

私は、なるほど便利なものだな、使いやすいように、ああやって外側を削っておくわけだな、と思ったのであるが、これは間違いと知れた。以下は辻留さんのお話。

「ちがう、ちがう。そやないねん。ご家庭の俎が、真ん中が窪んでおりますのんは、あれは奥さんがたの包丁の持ち方が悪い。オイ、ちょっと俎と包丁持ってきてみい。包丁いいますのはな、ホレ、ごらんのようにここに重心があります。刃の、ほとんど柄に近いとこや。そやさかいに、この重心のとこで包丁を持つのが一番力の経済でっしゃろな。それをやネ、家庭の奥さまがたは、この柄の端っこを持たはって、刃の、こないな先のほうで切ってはりますやないか。こらあきまへんで。包丁は、このように持ちます」

辻留さんの包丁の持ち方をみると、たしかに包丁を重心のあたりで摑《つか》んだという実感と迫力がある。

　こうするとどうしても俎の手前が使いやすくなり、いきおい、俎は蒲鉾型にへってゆく道理と見えた。

「ことにやね、お刺身を切るような場合にはね、この包丁の、重心のあたりから、一番先まで、このカーヴを百パーセント使いますねん。刺身包丁の刃の根のほうを使おおもたら、そら包丁握ってる手はどうしても俎の外へ出んならん。手が俎の上にあったんでは、包丁を、このように手前に引きます時、指がひっかかって、こら、かなんがな。そやさかいに、お刺身は、このように俎の手前に置いて、包丁握ってる手が俎の外へ出るようにして切りますねん。ほれ、こう、スウーッと。な？

　この刃は見事な曲線してますやろ。この曲線を端から端までフルに利用せなもったいないがな。ほれ、スウーッと。このようにして切られましたお刺身は、細胞がグチャアと押しつぶされてへん。細胞が生きとるねん。そやさかい、切り口がきれいやがな。そやさかい、おいしいがな」


　さて、まったく関係のない話だが、私の友人で瀬戸物の破片や、硝子《ガラス》を食う癖のある男がいて、その男によれば、硝子を食べる秘訣《ひけつ》は、口をしっかり閉じて、よく嚙《か》むことだ、という話であった。

　硝子を食べたり、剃刀《かみそり》を食べたり、針を何十本も呑み込んだりする見世物が昔はよくあって、私など見るたびに総毛立ったものです。あんな不健康な見世物はない。

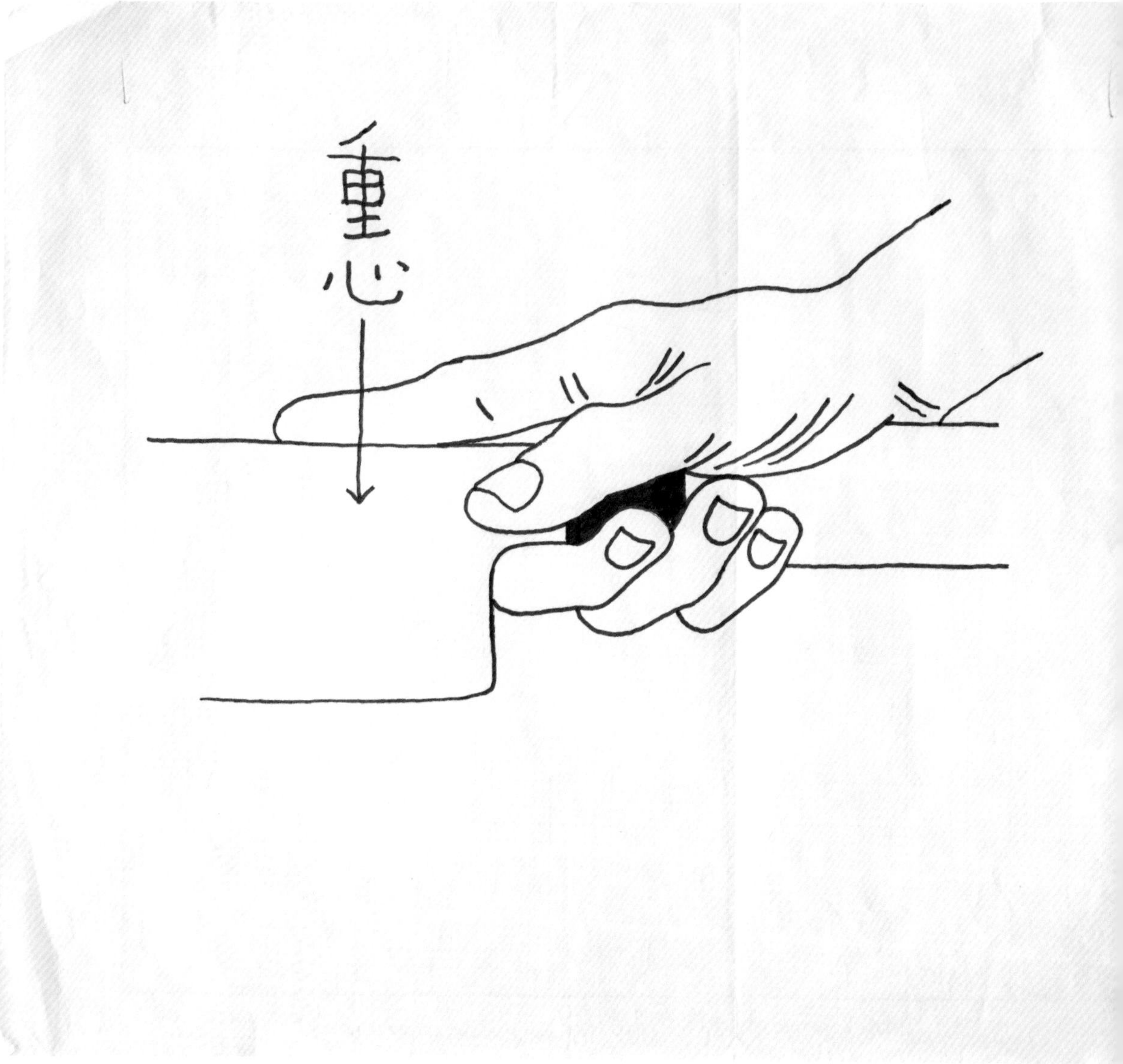

伊丹十三記念館収蔵の貴重な原画。線に味があり、絵がうまいのはもちろん、対象の切り取り方がさすがのデザインセンス。

ところが、われわれ凡人が、げらげら笑いながら見過してしまう見世物で、料理人の神経をもってすると絶対に耐えがたいというものがあるのですね。

映画などでよくみる「パイ合戦」というものがそれである。入り乱れて飛び交う何十というパイ、顔に命中して飛び散る生クリーム……

小笹ずしのオカダさんは、あのパイ合戦を見るに耐えないのだという。だれにも、あんなふうに食べ物を粗末に扱う権利はない！　パイ合戦を見るたびに、オカダさんは、怒りに身が震えるのを感じるのだという。

この話を聞いた時、私は、ちょっと身の竦《すく》むような気がしました。

「なるほどねえ」といったまま、しばらく言葉が出てこなかった。

オカダさんはもう静かに俎に向かっています。そうして、その包丁を持つ手は、辻留さんの話のように、重心の上にしっかりかかり、包丁を端から端まで使って、かんぱちの身をすいっ、すいっと切ってゆくのであった。

蕎麦猪口、お猪口の類はかなりの数を持っていた。これは珍しく数の揃った蕎麦猪口。「割れたり、ヒビが入っても金継ぎをして使い続ける人だった。使っていれば、割れることもあるもんだって」と宮本信子さん。

急須

前前から急須の好いのが欲しくて、古道具屋の店先を通るたびに物色するのだが、なかなか巡り会わぬ。

そもそも、急須というものを、古道具屋で見かけること自体、非常に少ないのである。

多分、急須というものの性格から考えて、日常多用されるために、あらかた壊れてしまうのでもあろうか。それに、なんといっても煎茶の歴史というものが、抹茶に比べてごくごく短い。われわれ日本人は、もう何千年もお茶を飲み続けてきたような顔をしているが、煎茶が日本の一般大衆に普及したのは、永谷宗七郎という人が〝湯蒸しの法〟というものを発明して以来のことであるから、十八世紀も後半に属するのである。

つまり、煎茶の歴史などというものは、たかだか二百年にしかならぬ計算で、急須の歴史また然り。

急須は、そもそも中国の、酒を温める器具であったのが、日本に伝来して煎茶器に転用されるようになった。鹿児島へ行くと、黒ジョカといって、焼酎を温めるための、急須状のものがあるが、つまり、本来はああいった性格のものであったと思われる。

原画撮影・寺澤太郎

ところで、それにしてもわれわれ日本人はなぜ、かくも茶を飲むのか。この事は明治時代に来日した外国人たちにとって大いなる不思議であったらしく、たとえばモースはそれをこんなふうに説明している。つまり、日本においては、米や野菜を作るにあたって人糞を肥料にする。この人糞は田や畑から川や地下水に浸入して、それを汚染する。したがって、日本においては、なま水を飲んで病気になる危険が、欧米諸国よりもはるかに多いから、それを何世紀もの経験によって知っている日本人は、水を、できる限り煮沸してから用いるようになった。茶というのも、その工夫の一つである、というのである。

いかにも外国人らしい突飛な着想であるが、案外的を射ているのかも知れぬ。

絵は、私が現在使用している黄銅製の急須である。金属であるから壊れずに残ったものであろう。江戸時代も後期のものらしい。多分ペルリが来たころのものだろう、と、私はかってに決めこんで、朝な夕な、この急須で茶をいれては飲んでいる。

鰯

　これ、なんだか判んないでしょう？　これはね、鰯《いわし》を三枚におろす機械なんです。この機械を、私は、広島の「ナンマンヤ」のお婆さんから貰ったんです。広島の人人はね、鰯のことを「ナンマンエー」とか「ナンマンショー」とかいうんですね。で、鰯を売るお婆さんは「ナンマンヤ」なんです。

　つまり、「ナンマンヤ」のお婆さんは、多分、「ナンマンエー」「ナンマンショー」って、売り声をあげて鰯を売りにくるんでしょうね。「ナンマンエー」っていうのは、つまり「生まだよ」ってことなんでしょう。

　で、まあ、このあいだ広島の繁華街歩いてたら、そういうお婆さんがいたわけよ。ね？　で、ちょっと覗いてみたら、実に大した鰯なんですよ、もう活きがよくてね。

　で、私はそれを見た途端、急に鰯の刺し身が食いたくなってね、ふらふらっとこう並んじゃったわけ。ね？

　で、こう、並んでたらさ、段段順番がきて、私の前のお客が二百円ばかり買ったわけよ。鰯をね？　で、

「おばさん、これ刺し身にしてくれや」

　とかいってるわけ。するとそのお婆さんがさ、

「まあ、めんどくさいこといい出して、あんたが」

とか憎まれ口叩きながら、例の機械で鰯を三枚におろしてくれるわけよ。ね？　で、見てるとさ、こらあ、気持ちのいいほど簡単にスイスイいくわけですよ。で、私は、絶対自分でやってみたいなと思ったわけ。で、私の順番になったからね、

「おばさん、わしには丸太でくれや」

っていったわけよ。丸太ってのは丸ごとのことね。

「どうするんか？」

「どうするんかて、刺し身にするんよ」

「あんたできるんか？」

「それ貸してくれや。あした返す」

っていったわけね。

そしたらさ、お婆さんが、

「そんなもん、やる」

っていうんだよ。

「ほいじゃが、それを持って帰って、できんけんいうて持って来ても絶対せ

んよ」

っていうわけ。で、まあ、一匹やってみいや、っていうことになって、やってみたらね、やっぱりこの機械はなかなかよくできてるのね、なんていうことなく、すいっと刺し身にできちゃうわけ。

で、

「あんたはうまい。なかなかできる」

なんてほめられちゃってね。で、まあ、ありがたく頂戴したわけよ。

で、まあ、宿へ帰って、台所借りて、鰯を全部三枚におろして、で、大きい硝子の器に氷のぶっかきを一杯いれてね、で、その上に今おろした銀色の鰯を山盛りに敷きつめてね、で、まあ、仲間と一緒に片っ端から、生《しょう》薑《が》醤油で競争みたいにして食っちゃった。こりゃあ、うまかったねえ……

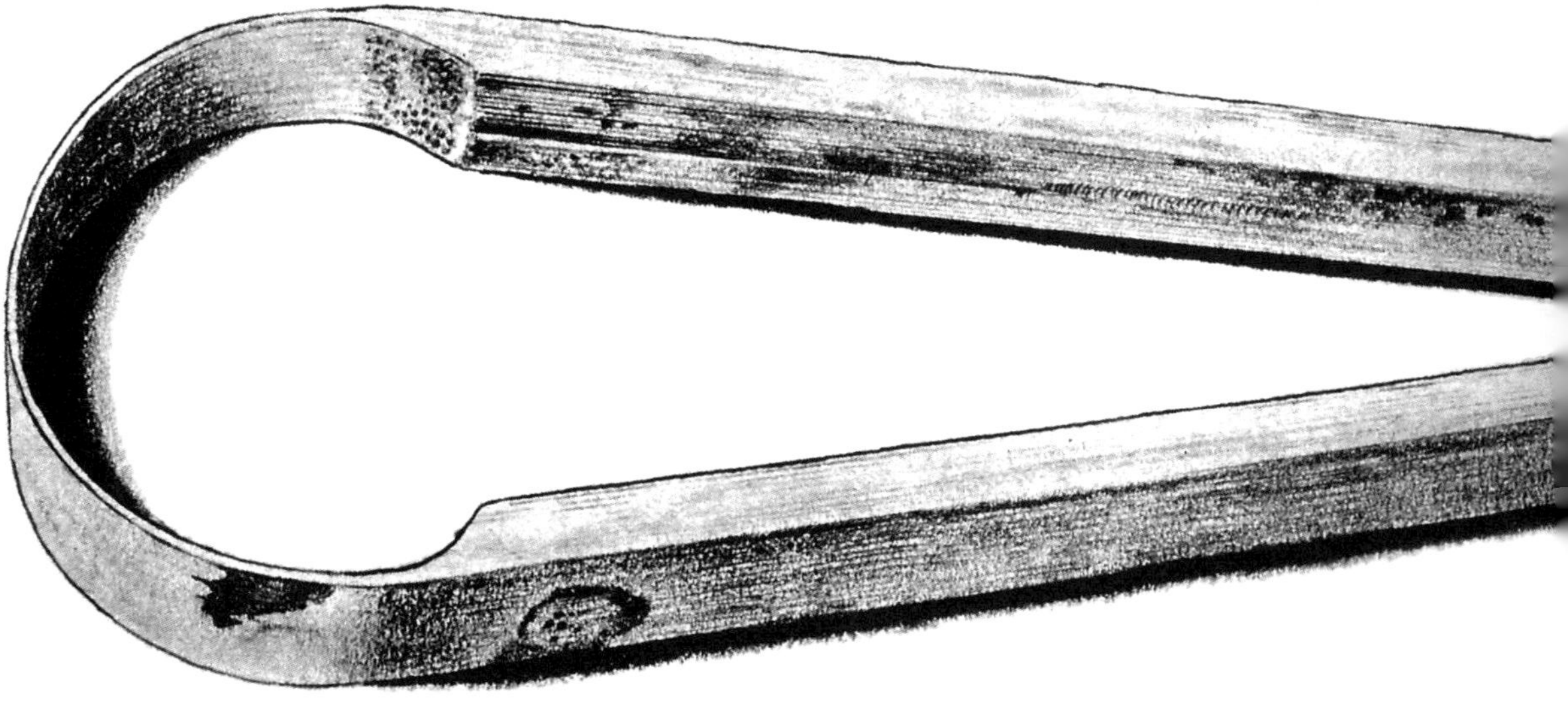

原画撮影・寺澤太郎

池内家、父の料理。

父は、幼い息子を「マンペン」と呼んだ。
「トーチャン」はエッセイストであり、
俳優であり、やがて映画監督に。
いつも忙しい人だったが
家では料理をよく作る、優しい父親だった。
伊丹十三の次男、池内万平さん。
門前の小僧よろしく、知らず覚えた父の料理。
ひとり暮らしを始めるときに
「食事に困らぬように」自ら手本を見せ、
教えてくれたいくつかのレパートリー。
万平さんが、今も作り続けているという
父のレシピを、その思い出とともに紹介する。

伊丹十三（本名・池内義弘）と家族のスナップ。そばを食べる万平さんと兄の万作さん（奥）。ニャン吉に按摩してもらう伊丹さん。（宮本信子さん提供）

ジュワー、ザッザッ。フライパンを返すリズミカルな音。あたりに漂うスパイシーな香り。池内万平さんが、その長身を少しかがめ、手元を真剣な顔つきで見つめている。味見をして、

「うん、そろそろかな」

手際よく皿に盛り付けたのは、その名も「簡単カレー」。料理上手で知られる父、伊丹十三が家庭でもよく作っていたという一品だ。

「カレーライスというより、野菜のカレー炒め。おかずですよね」

加熱してとろっとしたトマトとカレー粉の相性の良さはもちろん、きゅうりのポリポリとした食感がなんともいえず、あとをひくおいしさだ。

＊

伊丹十三はその著書で、食についての関心を様々な角度から記しているが、同時に実践の人でもあった。

「もちろん、毎日のことではないですが、トーチャンの一品料理的に夕食のメインを作ったり、昼めしをさっと作ってくれたりしていましたね」

家庭料理の本も多く揃え、新聞の料理記事、テレビの料理番組で気になる料理があると、メモをとり、作ってみる。繰り返し池内家の食卓にのぼったもの、気になった料理は、妻の宮本信子さんがまとめ、ファイルに保存した。

今も宮本信子さんが使っているというレシピファイル。

万平さんは、小さな頃から父の作る料理を食べて育ったが、あるとき家庭料理のデフォルトだと思っていた料理が、よその家とはまったく違っていて驚いたことがあるという。

「おそらく、湯河原時代に初めて食べたんだと思いますが、納豆をトマトと一緒に煮てソースにする納豆スパゲッティ。私にとっては、バターの風味が少し残ったこの味があたりまえだったんですよね。でも外で食べる納豆スパゲッティは、大葉や海苔が入ってたり、大根おろしが添えられてたりして、完全に和風テイストだったから」

70年代後半、多忙にもかかわらず、伊丹十三は、子育てのために自然豊かな湯河原に家を建て、移り住んだ。みかん畑に囲まれ、ベランダからは海が見渡せる家（後に映画『お葬式』の舞台となる）で、当時ハマっていた玄米菜食を家族にもふるまった。万平さんはまだ3歳か4歳、味の根っこが作られる時期だった。

「小さかったから、なんとも思わず食べてましたけど、納豆はきっと挽き肉の代わりだったんでしょうね」

スパゲッティには、黄色いお皿（p.14）と木の柄がついたフォークがお決まりのセット。器は子ども用のプラスチックなどは使わせず、古伊万里や染付、作家ものなど、大人と同じものが与えられた。

「ただ、器を大切に扱うことは、厳しくしつけられたと思います。食後、器をシンクまで運ぶのが子どもの役割で、

（p.76へつづく）

◎ 簡単カレー

材料（作りやすい分量）
なす1本、玉ねぎ1/2個、ピーマン1個、トマト1/2個、きゅうり1/2本、鶏もも肉100g強、にんにく1かけ、カレー粉適量、サラダ油少々、塩少々、こしょう少々

作り方
❶にんにくはみじん切りにする。鶏肉はひと口大に切り、野菜はすべて2cm角程度に切る。❷にんにくをサラダ油で炒め、鶏肉を入れて炒める。❸野菜を火が通りにくい順に入れていく。❹火が通ったら塩、こしょうをして、カレー粉を加えてさらに炒め、トマトの水分で全体的にとろっとしたらできあがり。

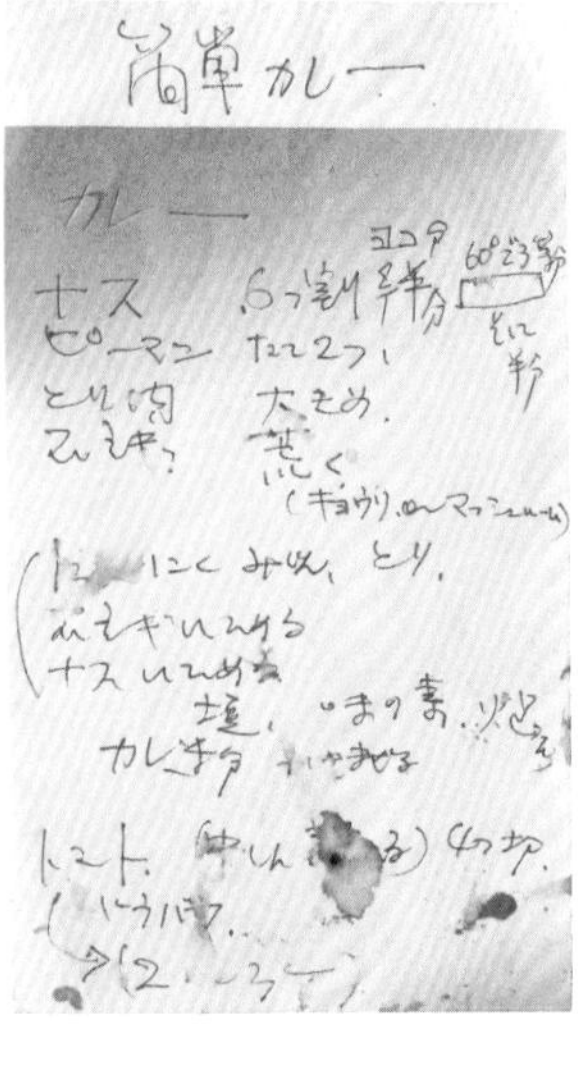

適当がおいしい、懐の深いカレー。

細かい作り方を知らなくとも、鶏肉と適当な野菜を炒めておけば大丈夫といった、懐の深い雰囲気がある簡単カレー。実際、わざわざ作り方を教わった覚えもありません。

レシピには、なす、ピーマン、玉ねぎなど野菜の名前が色々と書いてありますが、昔、伊丹さんが作っていた時には、きゅうりが入っていたり、きのこが入っていたり、逆になすがなかったり、冷蔵庫に入っている余り野菜次第で毎回少しずつ変化していました。

必ず入れるものとしては、鶏肉、トマト、玉ねぎ。でも、言ってみれば単なる〝鶏肉と野菜のカレー味炒め〟で、ごはんにも合いますが、無性にビールが飲みたくなる味です。

これを作るたびに、「簡単カレー」とは、ネーミングの勝利だなと思います。

伊丹式、菜食スパゲッティ。

私が小さい頃は、伊丹さんが自然食に凝っていた影響か、あまり肉料理が食卓に上ることはありませんでした。納豆スパゲッティも、ひょっとしたらミートソースを肉を使わずに再現しようとした結果なのかな。この料理も伊丹さんが作っているのを端から見ていて、なんとなく作り方を覚えました。伊丹さんが包丁を両手に持って、リズミカルに納豆を刻んでいるのが、子供心に楽しそうだったのを覚えています。

作り方をきちんと教わらなかったのと、繰り返し作って、完全に自己流になっているため、今回あらためてレシピを見てみると、グラス・ド・ビアン（フォン・ド・ボーを煮詰めたもの）が入ると書いてあって驚きました。

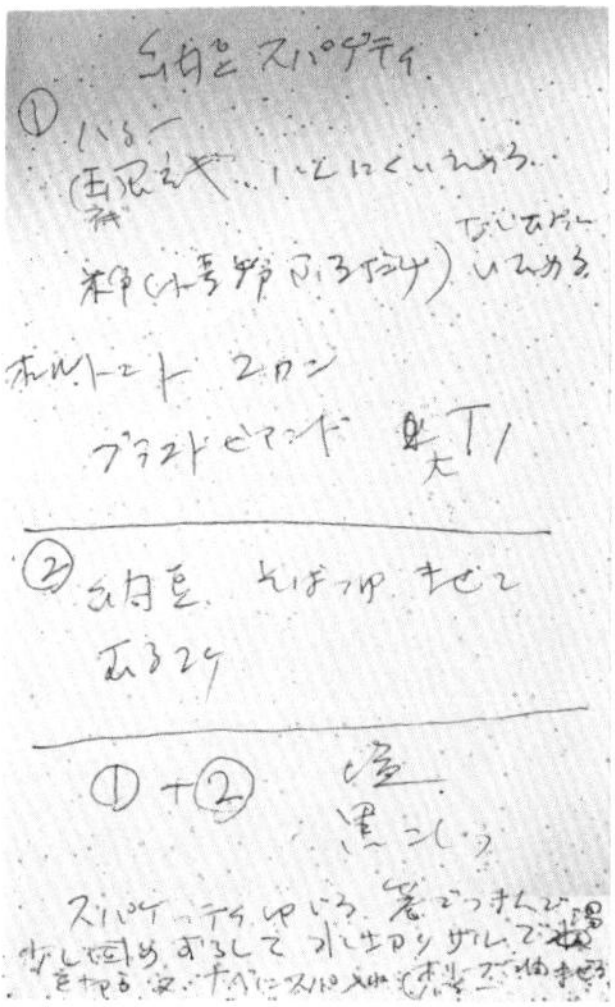

◎ 納豆スパゲッティ

材料（1人分）

スパゲッティ1人分、トマト1個、納豆1パック、玉ねぎ1/2個、にんにく1かけ、バター少々、そばつゆ適量、パルメザンチーズ少々

作り方

❶トマト、納豆、玉ねぎ、にんにくを細かめに包丁で刻む。❷フライパンにバターを入れてにんにく、玉ねぎを炒め、透明になってきたあたりでトマトを入れ、さらに炒める。❸トマトソースっぽくなってきたら納豆を入れ、そばつゆを回しかけ、煮詰まったらできあがり。❹ゆで上がったパスタにのせ、パルメザンチーズをかけて食べる。

◎ 麻婆豆腐

材料（作りやすい分量）
合い挽き肉100g程度、木綿豆腐1丁、長ねぎ少々、甜麺醤大さじ1、豆板醤少々、顆粒鶏ガラスープの素適量、片栗粉小さじ1（大さじ1の水で溶く）、にんにく1かけ、生姜1かけ、サラダ油少々、ごま油少々

作り方
❶にんにくと生姜はみじん切り、長ねぎは小口切り。豆腐は水を切ってさいの目に切る。顆粒鶏ガラスープの素を湯で溶かして200ccほどスープを作っておく。❷フライパンにサラダ油とほんの少しのごま油を入れ、にんにくと生姜を炒め、挽き肉を加えて色が変わるまで炒める。脂が出てパラパラとしてきたら豆板醤、甜麺醤を入れてさらに炒める。❸味見をし、均等に味が行き渡ったら、豆腐を入れ、ざっと混ぜて鶏ガラスープを適量加える（全部使わなくてもいい）。❹しばらく煮たら長ねぎを入れ、ざっとかき回してからごま油をたらし、最後に水溶き片栗粉でとろみを付けてできあがり。

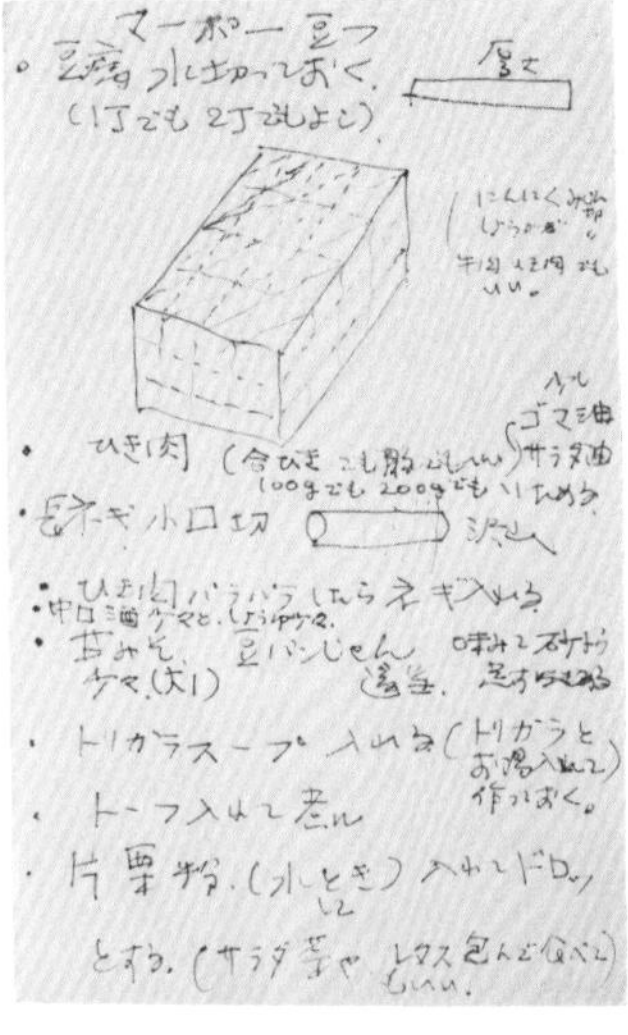

ひとり暮らしの息子へ贈るレシピ。

ひとり暮らしを始める前に、3つの料理を教わりましたが、これはそのうちのひとつ。

味付けに関しては、かなりの割合を甜麺醤と豆板醤に依存しているため、よほど変なことをしなければ、初心者でも失敗しません。初めの頃は、味が濃すぎたり、とろみが付きすぎたりといった失敗はありましたが、今はとくに問題なく、ささっと作れるように。

レシピ（左下）は基本的には宮本さんが書き取っているのですが、豆腐の切り方の図だけは伊丹さんが書いたもの。切り方にこだわりがあったのか、伊丹さんの几帳面さを表しているなと思います。今日は敬意を表して、この図のとおりに作ってみましたが、出来栄えはいかがでしょうか。

◎ 驚異のなす丼

材料（作りやすい分量）
なす2本、長ねぎ1本、油揚げ2枚、しいたけ3個、にんにく1かけ、甜麺醤適量、オイスターソース適量、A（みりん適量　醤油少々　砂糖少々を混ぜておく）、サラダ油少々、塩少々、ハイミー少々

作り方
❶なすは6つ割りにし、長さを2等分する。にんにくはみじん切り、油揚げは1cm幅に切る。長ねぎはぶつ切り、しいたけは薄切りにする。❷サラダ油をひいたフライパンに長ねぎを入れ、塩とハイミー（または味の素）を加えて柔らかくなるまで炒め、別皿に取っておく。❸②のフライパンに少し油を足し、刻んだにんにくを入れ、なす、しいたけ、油揚げを入れて炒める。❹甜麺醤、オイスターソースを加えて炒め、最後にAを加えて炒める。❺丼に盛ったご飯の上に④をのせ、②の長ねぎをのせる。

「驚異」と冠された丼メニュー。

これも、ひとり暮らしの準備として習ったレシピのひとつです。

思えば、伊丹さんはちょくちょく趣味のようにダイエットを試みていましたが、このなす丼も、ダイエット中になんとか味の濃い中華っぽいものが食べたい、しかし肉を使うとカロリーが……という葛藤から生み出したレシピだったと思います。

久しぶりに作ってみたところ、たしかにおいしい。でも、ダイエットレシピと言うには油も使うし、だいぶこってりした炒めものだなあ、というのが正直な感想でした。

それにしても、自分で「驚異の」という冠を料理名につけてしまったあたり、料理を完成させたときの伊丹さんのテンションが察せられる気がします。

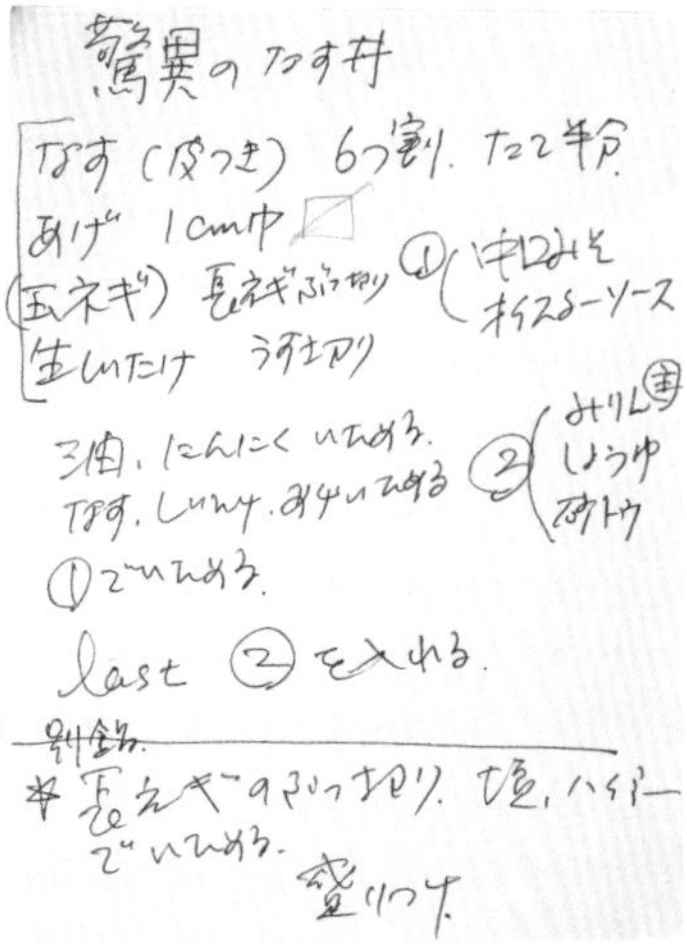

音を立てずに運べたら、伊丹さんも宮本さんもすごく褒めてくれる。たとえ割っても怒られることはなかったですね。器は割れるのがあたりまえ、ということだったのでしょう。でも実際、兄も私も割ったことはほとんどなかったように思います」

　万平さんが20代前半でひとり暮らしを始めるにあたっては、実家から小ぶりの中華鍋と包丁を譲り受け、父から3つの料理を教わった。

「簡単カレーと麻婆豆腐と白菜ときくらげの炒めもの。確か、伊丹さんが『ひとりで暮らすのであれば料理はできたほうが良い。これらはいつも食べているし、作りやすいんじゃないか』というような話の流れだったかと思います。うちの台所で、マンツーマンで教えてもらいました」

　長ねぎをみじん切りにするときには、ねぎの表裏に互い違いになるよう、斜めに切れ目を入れてから薄切りにすると、バラバラにならずに切りやすいと教わり、いたく感心したのもこのときのことだった。

玉村豊男さんからトマトをいただき、その礼状に同封するからと撮影を頼まれた。万平さん撮影。

　料理においても凝り性だった伊丹十三は、エッセイ「人がはいれる天火で烤鴨子」（p. １４０）にあるように、おいしいと思ったらなんとしてもその味を再現したいというようなところがあった。その精神は家庭料理においても発揮される。きっかけは、家族からプレゼントされた、有次の銅製の卵焼き器（p.46）だった。

「伊丹さんが60何歳かのときの誕生日に、宮本さんがプレゼントを買いに行くというので私もついて行って。伊丹さんは赤坂〝砂場〟の卵焼きをいつも褒めていたので、『だったら、自分で作ったら良いんじゃないか』と宮本さんに提案したんです」

　伊丹十三はこのプレゼントをことのほか喜び、翌日から10日間ほど、卵焼きの試作を繰り返したという。

「やっぱりハマると長いんです。またプレゼントした卵焼き器が卵を7個ほど使うものだったので、ひとつがかなり大きかった。毎日繰り返し卵焼きを食べさせられるので、私はニキビが急に増えたりして（笑）。でも、あれこれ試行錯誤をして、ついにレシピが完成したときでしょうか。まさに砂場で食べるような味だったから、『いま大根おろしを作るから待ってて！』と慌てて大根をすったのを覚えています（砂場の卵焼きには大根おろしが付いていた）」

　今回、撮影の最後に万平さんが作ってくれたのは、鶏のささみで出汁をとるお粥だった。万平さんが中学生の頃、昼過ぎに起き出してきた父が、自分でお粥を作って食べている光景をよく見かけたそうだ。

「中華粥風なものでしたが、おいしそうだったのでよく分けてもらっていました。これもまた横で見ていて作り方を覚えて。伊丹さんが作るお粥は、卵だけの時も、梅干ししか入っていない時もありましたね。宮本さんに聞いたら、どうも二日酔いのときに軽い昼食として作っていたのではないかと。よくお酒を飲みに行っていた伊丹さんなので、なるほど頻繁にお粥が登場したわけだと、数十年ぶりに納得」

　父と酒を酌み交わす機会はそれほどなかったが、ある時、父と兄の万作さんの3人で居酒屋へ行ったことがある。

「伊丹さんが、お前たちがふだん行く店に連れて行け、と。好奇心旺盛な人だったから、息子たちがどんなところで飲んでいるのか興味があったんでしょうね。残念ながら、何を話したか覚えていませんが、万作さんが変わった煙草を吸っていたので、『一本吸わせてくれ』と、子どもの前ではおそらく10年ぶりくらいに煙草を吸ったのでかなり驚いたことと、飲んでいる間、伊丹さんが終始上機嫌だったことは、とてもよく覚えています」

池内万平　いけうち・まんぺい

1975年東京都生まれ。伊丹プロダクション代表取締役社長。伊丹十三記念館アドバイザー。幼少期には子役として『お葬式』『タンポポ』に出演。2018年刊行の『伊丹十三選集』(岩波書店)では編者を務めた。

万平さん式お粥。ささみをゆでて取り出し、細かく裂く。ささみをゆでた湯に鶏ガラスープの素、水で洗ったご飯を入れる。塩、こしょう、酒を入れて味を調えたら、ささみ、みじん切りにした長ねぎを加えてしばらく煮る。ごま油で香りをつけたら、溶き卵を流し入れ、黒こしょうで仕上げる。

酒の味

写真提供・マガジンハウス

イラスト(p.85)にもあるカクテルワゴンの前で作っているのはマルティニだろうか。それにしても決まりすぎです、伊丹さん！

——二日ばかり前から、マジョルカにきています。

エッセイ「沈痛なバーテンダー」は幾度読んでもこの冒頭に引き込まれる。心は、まだ見ぬマジョルカへ飛び、「カクテルに対する偏見」ではマルティニへの憧れを募らせる。

たとえドライマティーニを飲んだことがあっても、この「マルティニ」は違う味がするのではないか。

若き日に、「カクテルというものは、味覚と演出とが五分五分くらいに入り混ったものだ」と綴った伊丹さんも、家族を持ってからは、友人を呼んで料理をふるまっては一杯、家族とチーズフォンデュの鍋を囲んでは一杯と、親密でくつろいだ酒を愉しんだという。

しかしそこには、相手を楽しませるという変わらぬ心配りがあったにちがいない。

愛用していた朱塗りの盃と、行きつけの蕎麦屋で気に入ってもらってきた徳利。

沈痛なバーテンダー

二日ばかり前から、マジョルカにきています。マジョルカの風景は、スペインというより、むしろ南仏、それも、エクス・アン・プロヴァンスあたり、つまりセザンヌの風景画に似ています。

ことに、空の色と、岩肌と、松の木の形が、セザンヌの影響を露骨に受けた、という感じなのです。

われわれは古いお城を改造したホテルに滞在していますが、ここのバーは、むしろ古い銃器の陳列室に似て、妙に単純な形のピストルや、いくらなんでも長すぎると思われる、旗竿《はたざお》のような鉄砲や、引き金のあたりに、いかにも精巧な感じのメカニズムが露出した石弩《いしゆみ》なんかが、壁一面に掛けられてあって、われわれは、そこでカクテルを二杯ばかり飲みながら、あたりがゆっくりと虹《にじ》色にたそがれてゆき、やがて、夜が、満ちてくる潮のように、あたりをひたしてゆくのを眺めるのです。

ところで、このバーのチーフというのは第一流のバーテンダーであった。

彼の作るシャンペイン・カクテルは絶妙だったし、しかも彼は、わたくしの知る限り、シェイカーを片手で振っていや味の無い唯一《ゆいいつ》の人間だったと思うのです。

由来、シェイカーを片手で振ることは邪道であるとされている。片手で振るいわれが全くないからです。そこで、これを強いて正当化しようとするならば、遊んでいる片手で常に別の作業を続け、つまり忙しいから片手で振るのだ、ということをはっきり示さねばならないということになるのです。

彼は、これを実に優雅にやってのけたよ。むしろ沈痛といってもいい面持ちでシェイカーを振りながら、あいている右手では、お客の前の灰皿をとる、灰を捨てる、新しい灰皿を出す、さがってきたグラスの水を捨て、グラスを流しの水に沈める、おつまみのオリーヴを小皿にいれて出す、コースター、つまりグラス・マットを出す、冷してあったカクテル・グラスの氷をあけて、グラスをコースターの上に置く、置いたところで振りおさめて、できあがったカクテルを静かに注ぐのであった。

動作は、流れるように美しく、無駄がなく、手は常に最短距離をゆく、しかも沈痛な面持ちをくずさない。

カクテルに対する偏見

つまり、カクテルというものは、味覚と演出とが五分五分くらいに入り混ったものだ、と思うのです。

だから、わたくしは、どうも蜜柑函《みかんばこ》三つを改造して日曜日に作り上げるホーム・バーといった代物《しろもの》は、あまりゾッとしないのです。いや、それはそれで結構だし、それに応じた愉《たの》しみ方があるのかもしれないが、わたくしはごめんだね。

一体に、日本で飲むカクテルはまずい。あれではカクテルが誤解されるのも無理はないよ。本当の酒飲みはカクテルなんか飲まない、といった風潮すら見受けられるではないか。

本当においしいカクテルを、ミックスできるバーテンダーが、一体東京に何人いるか、おそらく十指に満たないと思うのです。だから、それ以外の場所で、怪しげなマルティニを飲んだ人々は、ことごとく、カクテルに対して偏見を抱くようになってしまう。

まったく惜しいと思うのです。カクテルというものは、本当は愉しいものなのにねえ。第一、カクテルがないとしたら、晩餐《ばんさん》前、夜の早い時間に何が飲めるだろう。ブランディは食後の飲みものだから先《ま》ず除外しよう。ビールはおなかが一杯になってしまう。じゃあ、日本酒でも飲むかね。これからステーキでも食べようという時にも日本酒でいってみますか。すると残りはウイスキーとでもいうことになるのだろうが、ご婦人と一緒の場合だってあるんだぜ。君はウイスキーでいいだろうが彼女には何を飲ますかね。

わたくしは、彼女の、その日の気分や、好み、アルコール許容度、そして服装の色などをおもんぱかって、これ以外なし、というカクテルをピタリと注文する悦《よろこ》びは、男の愉しみとしてかなりのものと考えるのだが、いかがなものであろうか。

次にカクテルに関する二、三の覚え書きを記す。

マルティニ

カクテル・グラスに氷を入れて、グラスを冷やす。一方、ミクシング・グラスに氷を入れて、ドライ・ジン、次いでドライ・ヴェルモットを注ぎ、バー・スプーンで二、三回かきまわす。ジンとヴェルモットの割合いは、三対一でも九対一でも好みに応ずる。

カクテルは、冷たいことが身上であるから、ジンやヴェルモットなどは、あらかじめ、壜《びん》ごと冷しておくバー・マンもいる。

次に、カクテル・グラスの氷を空け、ミクシング・グラスからマルティニを注ぐ。ついで、短冊《たんざく》形に切ったレモンの皮の両端をつまみ、マルティニの上で、ちょっと引っ張り気味に、捻《ひね》るように絞ってからこれをマルティニの中に浮かす。

九対一より、もっとドライなものを作る場合、ミクシング・グラスにはジンだけを入れる。次に、カクテル・グラスの氷の上からヴェルモットを注ぎ、氷も、ヴェルモットもそのまま捨ててしまう。つまり、カクテル・グラスの内側がヴェルモットで濡《ぬ》れている、という状態にしておいて、ミクシング・グラスからジンを注ぐのである。

レモン・ピールの扱い方には今一つ方法があって、この場合はレモンの皮を、直径一センチくらいに丸くそぐ。次に、マッチを擦って右手に持ち、飲み物の上にかざし、マッチの火にむかって、二つに曲げたレモン・ピールをちょっとつまむ。すると、レモンの皮の毛穴（こんないい方はないと思うが）からピュッと吹き出した脂肪分が、小さな青い光を出して燃え、レモンの香りがマルティニに移る、ということになる。

さもないと、表面に脂肪がギラギラと浮いた、いかにも油で汚れたグラスで作ったみたいなマルティニができあがる。

ギムレット

これには、ライム・ジュース・コーディアルというものが必要である。しかも、これはイギリスのローズという会社のものでないとうまくない。ライム・ジュースであろうが、ライム・マーマレイドであろうが、ライムとくればローズにきまっているのだ。

ミクシング・グラスに氷を入れ、ドライ・ジン、次いでライム・ジュースを注ぐ。この割合は諸説あるが、二対一くらいが適当だと思う。

これを、冷やしたシャンペイン・グラスに注ぎ、胡桃《くるみ》大の氷を一つ入れる。そもそも、これは船の旅で、赤道祭の時に飲むためのカクテルであった。だから氷を入れるのは、氷がグラスに当ってチロチロと涼しい音を出すようにという配慮である。

従って、この氷は、炎天下でなければ省略してもよろしいかと思う。

ジン・バック

バックという言葉には僧侶《そうりよ》という意味があるのだそうである。なんでも、その昔、黒い僧服を纏《まと》った坊さんがラベルに描かれたジンがあって、それが語源になったというが、定かではない。

ｂｕｃｋつまり、バック・スキンのバックと同じスペリングである。ついでながら、バック・スキンとは、裏革のことだと考えている人がいる。「スウェイドのバック・スキン」なんていう。これは意味がないね。バックは牡鹿のことだから、従ってバック・スキンは鹿革でしょう。スウェイドはね、あんた、鞣《なめ》してない山羊の革ということなんだ。「スウェイドのバック・スキン」なんて、豚の焼き鳥みたいなもんじゃないか。

ところで、ジン・バックだが、これを作るグラスは、コーリン・グラスという、上から下まで同じ太さの、背の高いグラスがよい。

まず、レモンを半分に切って、皮に隠し庖丁をしておく。要するに、レモンのジュースが出やすいように、切れ目をいくつかいれておくのです。

これをグラスに深く押し込む。

ジンを好みだけ入れて、ジンジャー・エールで割り、氷を浮かす。

冷たければ冷たいほどよい。

マドラーで、レモンをギュウギュウ押して、好みの酸《す》っぱさにして飲む。

プランターズ・パンチ

氷を細かく砕いて、コーリン・グラスに一杯つめる。

氷を砕くには、乾いたフキンに氷を包み、氷かきの柄か、コカ・コーラの壜で丹念に叩《たた》けばよい。これをフラッペという。

さて、レモン半個、オレンジ半個を絞ってジュースをとる。ラム、砂糖のシロップを好みだけ加え、シェイカーで、凍りそうになるまで振り、これをコーリン・グラスに入れたフラッペの上から注ぐ。グラスの縁に、オレンジ、レモンの輪切りを添え、パイナップルを一切れ、サクランボなんかものっける。正式には、ミントの葉を挿すことになっている。

要するに、お子様ランチ風ににぎにぎしくなければならないのである。ストローも二本、そしてマドラーもさし込んでおこう。

最後に、グラスの表面をよく拭《ふ》いて、残ったフラッペを両方からギュッと押しつけると、フラッペは瘤《こぶ》のようにグラスにくっつくことになっている。

乾いたフキンで砕いたフラッペでないと、絶対にくっつかないから、注意を要する。

おつまみ（アーティショーその他）

カクテルについて書いたついでに、おつまみについて知るところを述べる。といっても、わたくしは別に料理に趣味を持つわけではないから、自分では至極簡単なものしか作らないことになっている。

たとえばピーマンをミジン切りにして鰹節《かつおぶし》と混ぜ、お醤油《しょうゆ》をかけて食べる、といった工合のものである。シラスボシなんか入れてもよい。この手のもので、生玉子を二つばかり割り、鰹節と海苔《のり》を山ほどかけてお醤油をたらし、かきまわして食べる、というのもある。山芋があれば拍子木に切って同じようにして食べる。もっと簡単なのは、紙のように薄く切った玉葱《たまねぎ》、あるいは拍子木に切った人参《にんじん》を塩で食べるのである。ウイスキーと調和する。

また、わたくしには仏蘭西《フランス》料理だってできるのだよ、その気になれば。

アーティショーというものがある。英語でいうとアーティチョークである。一見、緑色をした巨大な百合根《ゆりね》の如《ごと》きものであって、その、松傘風に重なった、鱗《うろこ》状の葉っぱの一つ一つは、肉の厚さや、先が針のようになっているところなど竜《りゅう》舌蘭《ぜつらん》の葉に似ている。

日本では五月から六月が季節であって、東京なら八百屋に頼んでおけば、どこからか取り寄せてくれる。はしりの頃は高くて、一箇二百五十円くらいもするが、六月の終りには、五十円か、もっと安くなることもある。

これを二十分ばかり茹《ゆ》で、次に冷蔵庫に入れて冷やすのである。これで調理は終り。

小皿にオリーヴ油を入れて、これにレモンを少々絞り、ブラック・ペパーをたっぷり、塩を少量振りかけてドレッシングを作る。

食べ方、などといっても格別のことはない。アーティショーの葉っぱを、外側から順に一枚ずつむしってはドレッシングにつけて食べるのである。

ただし食べるといっても、葉っぱの一番根元のところに少量の柔らかい肉があるだけだから、葉っぱの真中あたりを歯でくわえ、葉っぱの先端をつまんでしごくように引き抜くのである。

こうして何十枚もの葉っぱを順番に食べてゆくと、内側になるに従って、葉っぱはだんだん柔らかくなり、ついには殆《ほとん》どそのまま食べられるようになる。

さて葉っぱを全部むしってしまうと、お皿の形をした芯《しん》が残る。芯には細かい毛が密生しているが、これはつまんで引っ張れば一団となって簡単にはがれるから、むしり取って捨てる。この芯がまたうまいね。しかもこの芯に至るまでの行程が、どんなに急いでも十分や二十分はかかるから、こんな愉しい食べ物はまたとあるまい。わたくしは、マドリッドでアパートを借りてから毎日二つか三つず

つ食べ続け、多い時には一日七つも食べたのである。

どんな味がするかっていうと、そうですねえ、一等近いものはそら豆じゃないかな。

さて、最後にエスカルゴについて書く。エスカルゴはカタツムリであって、自分で調理するにはかんづめを買う以外にない。日本で、十八箇入り千百円、とかいうのを見たような記憶がある。

ただ、かんづめの欠点はエスカルゴの身だけしかはいっていないことである。エスカルゴは、本来ならカタツムリの殻、代用品として、卵の殻を水平に切った形の容器があって、それに身を詰めて作ることになっているのです。

そして、左手で「エスカルゴの殻つまみ器」（女の人が睫毛《まつげ》を反らすのに使う器械に似ている）を使って殻を摑《つか》み、小さなフォークで身を引っ張り出して食べるのです。

しかし、感じが出ないのを諦《あきら》めれば、そんなものはなくても一向に差支えはない。まずエスカルゴを皿の上に並べ、身の上に、パセリのミジン切り、おろしたにんにく、バター、を少しずつ乗せ、塩を少し振ってオーヴンに入れ、バターが沸騰《ふっとう》してきた途端にオーヴンから出し、バターがジュクジュクいっている間に食べる。

本当は葡萄酒《ぶどうしゅ》がはいるとかなんとか、こんなに簡単な筈《はず》はない。でも、わたくしはいつもこうやっているし、それでも実においしいということに間違いはなかったのです。

スコッチウイスキー、オールドパーのピッチャー。ノベルティでもらったものだろうか。どっしりと丸い形が愛らしい。

お酒を飲むためのグラス類は、食器棚の一角をぎっしり占めていた。左端は、ヴェネツィアで買った東欧製のブランデーグラス。

過ぎ去った夏の日日

だいぶ寒くなってきた。ロンドンが懐《なつ》かしくなる季節である。ロンドンでは毎日お昼頃から一時間ばかり、霧のような雨が降っているだろう。人人は、くすんだ緑や、茶や、鼠《ねずみ》の、厚い毛の上着を着込んで、傘をささずに雨の町を歩いているだろう。

そうして、たまさかの、真っ青に晴れ上った日には、小さな庭の、野ざらしになっている大理石のテーブルを囲んで、柔い日ざしの中で、マトン・チョップや、トマトのサラダや、スモーク・サモンや、黒パンを食べて、過ぎ去った夏の日日を思うのだろう。

夏の戸外での食事、といえば、思わず目に浮かんでくるのは「ロゼ」である。葡萄酒には、白と赤のほかに、薔薇《ばら》色をしたロゼという種類がある。英語ではピンク・ワインという。

ロゼというのは白と赤の葡萄酒を混ぜ合わせたものだと長い間思っていたが、どうもそうではないらしい。そういうロゼもあるにはあるが、大半はそうではないらしい。

赤葡萄酒を作る時に桶《おけ》の中で葡萄を搾《しぼ》る。この時、葡萄液の中に、搾られた葡萄の滓《かす》をそのままにしておくと、搾り立てには透明だった葡萄液が、しだいに赤く色づいてくる。

つまり、ロゼというのは、赤葡萄酒が作られる過程で、比較的早めに搾り滓の中から引き上げられてしまった葡萄酒をいうのである。

よく、何十年昔の葡萄酒ということをいうが、これは概して赤葡萄酒のことをさす。あの赤い色を作る物質が赤葡萄酒を長い年月にわたって熟成させる働きをするらしいのであって、したがって、この物質を僅《わず》かしか含まぬロゼや白は、長時間寝かせておくべき性質を持たず、それゆえ、ロゼや白は、普通、比較的若いものでよろしいのだ。

講釈が長びいたが、つまり、そういうふうに、若若しく、軽やかで色の美しい葡萄酒がロゼである。いわば気楽な酒であって、日を浴びながらする、野原や海岸での昼食に、これほど似つかわしい酒はまたとあるまい。白と同じく、よく冷して飲む。

いま一つロゼの便利な点は、レストランで、白一本赤一本の葡萄酒が、量的にも経済的にも負担であるという時、ロゼ一本で両方兼用してしまうことができるという点にある。深夜の二人連れの食事で、相手が飲まない、などという時に、ぜひ一度試みられるがよろしかろう。肩の凝らない、いい友人を発見したような心持になるものである。

マイクルのキャベツ

酒呑み、というものは、どういう時間になにを食べたくなるかわからない。たとえば明け方の四時頃、発作的に親子丼《どん》が食べたいなどといいだす。一人がいいだすと「親子？　いいですねえ。じゃぼくも」なんていうのが必ず何人かいて、したがって午前四時、突如五人前の親子丼の需要が生まれるのである。まことに始末が悪い。

そういうわけで、わが家では冷蔵庫に、鶏肉、豚の挽《ひ》き肉、ベーコン、大量の卵なんぞが絶対にかかせない常備品になっている。ベーコンなんぞは、ただかりかりに炒《いた》めて出すだけで酒のさかなになるからまことに便利である。

鶏肉があれば親子丼ができる、チキン・ライスができる。てんやものの要求はこれでごまかす。豚の挽き肉は、野菜や豆腐と組み合わせて無数の中国料理に使用する。そうだ、それからキャベツが一個。これが重要なのだ。

私が「マイクルのキャベツ」と名づけている料理がある。これはマイクルという中国人からならった、およそこれ以上簡単な中国料理はないと思われるくらい簡単な料理である。そうだねえ、まず五分でできてしまう。

まず、キャベツをぶつぶつと大まかに切る。中華鍋《なべ》を強い火にかけ、ラードを入れる。ラードが熔《と》けてきたら鍋をくるくる動かして油が鍋の表面に満遍なくゆきわたるようにする。

次に、刻んだ大蒜《にんにく》と塩を一つまみいれる。大蒜が狐色《きつねいろ》になったらキャベツをぶちこみ、黒胡椒《こしょう》をがりがり挽いて大量にふりかける。

そのうちキャベツが柔くなりはじめるから、その頃合いを見はからって砂糖をちょっとふり、少量の水をじゃっとさし、蓋《ふた》をして押えつける。この時瓦斯《ガス》を少し中火にする。押えつけること約一分、最後にさした水の湯気でキャベツがすっかり蒸《む》れて、はいできあがり。

こんな簡単な料理が、嘘のようによく売れるのだから料理というものはおかしいものです。

二日酔の虫

二日酔というのはどうにもならんものでね。実に七転八倒の苦しみである。しかもよく考えてみると、しかとどこが痛いというのでもない。脳や内臓が発酵しはじめたような、躰《からだ》が内側から腐れてゆくような、ゆえ知れぬ不快感であるとしかいいようがない。

　どうにも救いようのない苦しいものではありますが、だからといって神様が「じゃあ、今日から二日酔というものをなくしてやろう」といわれても、それは困る。いくら深酒をしても、朝ぱっと目が覚めるや心身ともに爽快《そうかい》、朝日を浴びてラジオ体操、なんて、冗談じゃない。酒を飲むということの意味が全然変ってしまう。それは困る、というのが酒呑《の》みの神経というものだと思う。

　しかし、われわれ二日酔の時には、苦しまぎれにずいぶんいろんなことを考える。

「あのね、二日酔のひどい時にさ、顳顬《こめかみ》んところに小さな腫《は》れ物ができるんだよね。これが実に痒《かゆ》いんだな。痒いから掻《か》き毟《むし》る。掻き毟るうちにだね、腫れ物が潰《つぶ》れるだろう。その潰れたところをよく見ると、なにか芯《しん》みたいなものがのぞいているじゃないか。ハハーンこいつだなと思ったから、私はその芯をピンセットでつまんで、そおっと引っぱりましたね。すると出てくるんだよ、それが。ずるずると出てくるんだよ。紐《ひも》みたいに、というか、干瓢《かんぴょう》みたいにというか、ともかく引っぱればいくらでもずるずる出てくる」

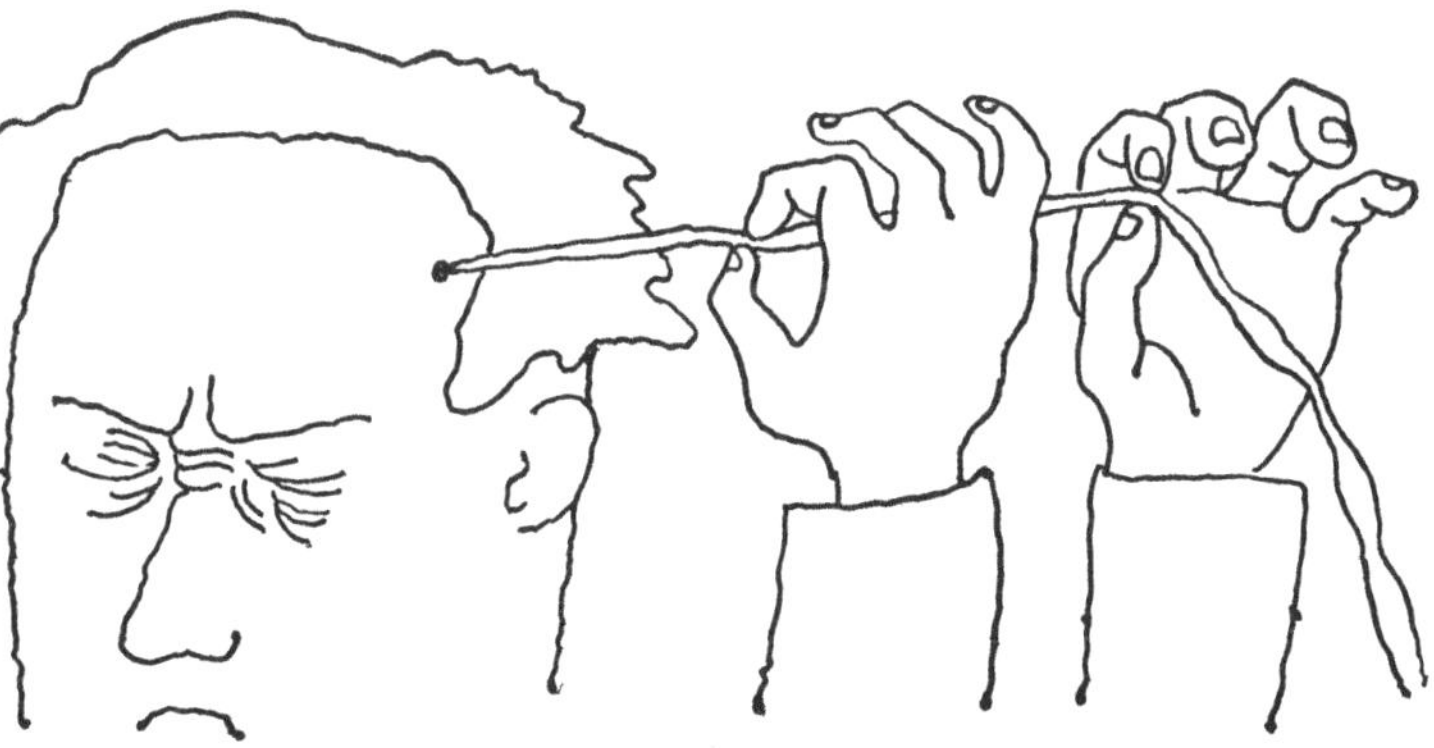

「うわあ、いやだ。あなたやめて、その話」

「いや、この干瓢がだね、実に鼻持ちならんほど酒臭い」

「いやだったら。わあ、穢《きたな》い」

「そりゃ酒臭いはずだろ、だってそいつが二日酔の正体なんだから。ともかく、こいつをそろりそろりと引っぱるうちに、そうだね、二時間くらいかかって、その干瓢がラーメンの丼《どんぶり》五杯分も出た。信じられないほどの分量だよね」

「ばか、ばか、知らないから、もう」

「頭がすっかりからっぽになったところで、今度は、さっきの穴から水を注ぐだろう。それでもって頭をこう振ると、チャポチャポって音がして、頭の中がすっかり綺麗《きれい》に洗える。水をかえて二度三度よく濯《すす》ぐ。すっかり酒の匂《にお》いがしなくなったところで、最後は氷水で洗い清めるんだ。こいつはいい気持だねえ。まるでいい気持だ」

「…………」

「ねえ、おれの顳顬にそういうおできができてないもんだろうか？」

——

ぼくらの好きな伊丹さん。

宮脇 誠　みやわき・まこと

1973年愛知県名古屋市生まれ。miyawaki modern店主。東京・目黒にて土曜日のみオープン。骨董市などへの出店も多い。祖母のアプリケ作家・宮脇綾子の作品展をパリやブリュッセルなどで企画、開催。

吉田昌太郎　よしだ・しょうたろう

1972年東京都生まれ。東京・麻布十番、恵比寿を経て21年目の2022年から故郷の栃木・黒磯にてantiques tamiserを営む。著書に『アンティークス タミゼ・スクラップブック』（筑摩書房）、『糸の宝石』（共著、ラトルズ）。

昌《しょう》ちゃん、マコちゃん。ふたりはお互いをそう呼び合う。

　昌ちゃんこと吉田昌太郎さんは「アンティークス タミゼ」、マコちゃんこと宮脇誠さんは「宮脇モダン」。ともに骨董、古道具を扱う店の主で、年に数度のヨーロッパへの仕入れ旅も一緒に出かけ、プライベートでもちょくちょく会っては、よく食べ、よく飲み、映画、音楽、様々なことを語り合う。

　同年代でもの好き。ふたりの共通点はもうひとつあって、それは、若い頃からなにかしら伊丹十三に影響を受けてきたこと。今日は、料理好きのマコちゃんが作る伊丹レシピを堪能しつつ、敬愛する伊丹十三に想いを馳せようではないか、という宴なのである。

*

吉田さん（以下Ⓛ）マコちゃんはさ、パリに住んでたときから、パパっとごはんを作って食べさせてくれたよね。

宮脇さん（以下㋮）料理、好きだしね。あの小さな台所でね。

Ⓛ　小さかったけど、道具はすごく充実してるの。当時は、ぼくが東京からパリへ行って、ふたりでヨーロッパを回るのね、車で。マコちゃんが運転し

て、ぼくが助手席で。ふたりでずっといろんな蘊蓄話をしてるもんね。

㋮ 飽きずにね。

Ⓛ 買付けで選ぶものも大体似てる。でもぼくは割と地味なものを買うけれども、マコちゃんはちょっとスパイスがきいてるものを買うよね。いかにも伊丹十三が好みそうなものをさ。

㋮ そういうとこあるかな。

Ⓛ 台所道具のちょっとしたものだったり、バーで使うグッズだったりさ。

——おふたりが出会ったのは。

Ⓛ パリで初めて。知人のホームパーティーに行ったら、宮脇くんが来た。

㋮ 2001年だね。ぼくがパリへ行った年だから。毎週蚤の市で会う、すてきなおじさんがいたんですよ。日本人かどうかわからない不思議な人で、週に2回は蚤の市で会うから知り合いになって、ある時、東京から友だちが来るから一緒にご飯でも食べようと。

Ⓛ ぼくがタミゼを始めた年でもある。その人の家の中庭で初めて会ったんだけど、登場からさ、もう爽やかなわけ。「こんにちは、宮脇です!」だよ。風がさーっと吹いてくるようなさ。骨董屋っていうと野暮ったいかんじがあるじゃない。でも彼は違うわけ。

㋮ ふつうちゃんと挨拶するでしょ!

Ⓛ 違うんだよ。なんかまっすぐで品があるの。第一声がネタになる人ってそういないよ(笑)。

㋮ こっちは、クールな人が来たなあって思ってた。ぼくは名古屋からそのままパリだから。東京の人だなって。

Ⓛ それで骨董市に一緒に行きだして。おれがパリに行くときには泊めても

◎キューカンバー・サンドウィッチ

❶薄くスライスした食パンにバターをしっかり塗る(バターは作る30分前から冷蔵庫から出しておくといい)。❷きゅうりはパンの長さにあわせて約半分くらいに切って、縦向きにスライスする。❸パンの上に重ねて並べ、塩をふる。❹パンで挟んで耳を落とし、断面が綺麗に見えるように半分に切る。

らったり、マコちゃんが東京へ来るときはうちに泊まったり。

㋮ ぼくは大学出て骨董屋で働いたあと、外の世界も見たくなって、パリへ。結局そのまま11年だもんね。

Ⓛ だから本からだけじゃなくて、リアルに向こうの蘊蓄も得てるし、説得力があるんだよね、マコちゃんが言うことには。伊丹さんの本と同じこと言われたことあるもん。おれがパスタ食べてて、ポトポト、スパゲッティ落としたら、「5、6本すくうから丸めたときに口に入りきらないの。3本くらいでいいんだからさ」とかさ。極めつきは、チーズの切り方！

㋮ 三角にカットされてるチーズね。

Ⓛ あれをこう（先端だけ）切って食べようとしたら、ちょちょちょ！って。

◎クレソンのサラダ

❶クレソンは水に浸けたあと、しっかり水気をきり、ざく切りにする。❷大きめのボウルに、刻んだにんにく、レモン汁、塩、マスタード、砂糖ひとつまみ、胡椒、オリーブオイル、ワインビネガーを入れてしっかり乳化するまで混ぜる。❸②にクレソンを入れてしっかりあえる。

◎マイクルのキャベツ

❶キャベツの葉を洗い、適当な大きさに切る。❷芯は食感に差が出すぎるので、切り落とすかスライス。❸にんにくは包丁を寝かせてつぶし、みじん切り。❹中華鍋に油を適量、にんにくと塩少々を入れて火をつける。❺にんにくが色づいてきたらキャベツを入れる。❻焦げ目がついたらさっと返し、また焦げ目がついたらさっと返す（あんまり混ぜすぎない）。❼（伊丹レシピではここで砂糖をちょっとふり）紹興酒（なければ水）50ccくらいを鍋肌から入れて蓋をし（30秒程度）、くたくたになる前に蓋を取って味を見る。塩が足りなければ足して、胡椒を挽く。

㋮ だって、一番おいしい所だからね。

㋛ 縦に切れば全員が真ん中から端まで同じものを食べられるでしょ、って。この人は、そういう指摘もスマートで嫌味がないから、確かになるほどと思って、それからはぼくもそうしてる。

㋮ マナー違反なんだよね。でもさ、それはフランスの友だちに教わったんだと思うな。

クレソンのサラダとサンドウィッチ

㋮ さ、そろそろサラダ作るよ。

――宮脇さんの料理好きはいつから？

㋮ やっぱりパリでひとり暮らしを始

めてからですよ。おいしいものが食べたい、でもとにかくお金がないから自分で作るしかない。伊丹さんの本も持って行ってたから、ローマの労働者のスパゲッティ、カルボナーラもよく作ったもんです。

Ⓛ 今でもペットボトルに入っているようなものは全然買わないもんね。天つゆとかポン酢とか全部作っちゃう。

㋮ マヨネーズは買うよ。クレソンのサラダは伊丹さんのレシピ通りで（p.39）、クレソンのような苦味のある野菜だったらほんの少し砂糖を足す。

Ⓛ そこがポイントなんでしょ。

㋮ おまじないのようなものだね。

Ⓛ 料理好きの心をくすぐるなあ。マコちゃんの料理ですごいと思ったのは、キャロットラペね。この人は手切りなの。ピーラーとか使わない。要は、太さがまちまちでしょ。そうすると食感が生まれる。噛むたびに歯ざわりが違うし、味が変わる。

㋮ そう？　ふつうじゃない？

Ⓛ そのひと手間なんだよね。伊丹さんが「こういう切り方こそが大切なんです」って書きそうじゃない？「おろそかにしてはいけませんゾ」みたいな。

――キューカンバー・サンドウィッチのきゅうりはパンに長さを揃えて。

㋮ 伊丹さん、切り方までは書いてないから、ぼくはこんなかんじで。

Ⓛ おれも、マコちゃんから食べさせてもらって以来大好きなんだよ。

㋮ 今日は伊丹さんに敬意を表してパンの耳も落としますね。で、こう切ると、断面がきれいに仕上がる。

――宮脇さんが伊丹十三に惹かれるのはどういったところですか。

㋮ なんでそんなにかっこよく見えちゃうんだろうなって。最初に読んだのは20歳くらいのときで、『ヨーロッパ退屈日記』と『女たちよ！』。知らないことばっかり書いてあって驚いたし、どことなく檀《まゆみ》さんに似てて。

Ⓛ 宮脇檀さん。マコちゃんの叔父さんだよね。

㋮ ぼくは憧れてたから。建築家で、趣味も良くて、なんでも本格派で、料理もしちゃって、スタイルもあって。

Ⓛ ほんとそうだよね、似てる。ぼくも檀さんの『最後の昼餐』って本を最初に読んだとき、なんて楽しい本だと思った。パートナーとの食生活を挿絵たっぷりで見せてね。もしかしたらぼくは檀さんの本を読んだ流れで伊丹十三の本に出会ったのかも。あと、同時期に開高健も好きになった。

㋮ そうそう。開高健と伊丹さん、自分のなかで混じってる部分あるね。

Ⓛ ぼくにとってはダブル巨頭で両方好きだから。60年代、伊丹十三は『ヨーロッパ退屈日記』で書いてるように、ハリウッド映画に出てるでしょ。

㋮ 『北京の55日』ね。

Ⓛ そのあと『ロード・ジム』にも出て、主演のピーター・オトゥールとも仲良くなってさ。かなり長い時間をヨーロッパで過ごしてる。

㋮ 当時、英語を流暢に話せるってすごいよね。子どもの頃、特別学級で英語教育を受けたたって何かで読んだな。

Ⓛ だからさ、開高健も『地球はグラスのふちを回る』とかエッセイもたくさん書いてて、蘊蓄を語るじゃない？　蘊蓄っていう意味では重なるんだけど、開高さんと伊丹さんの成り立ちはちょっと違う。

㋮ たしかにそうだね。

Ⓛ 伊丹さんは、背が高くてダンディで、自分の経験を語る。開高さんは苦労人で、ようやく行けたヨーロッパだったりするわけで、憧れなんだよね。語り口も開高さんはもちろん文学的で、伊丹さんはスマート。

(マ)　読むたびに発見があって、ふたりの蘊蓄が楽しくてたまらないんだよね。

(し)　ほんとそう。でもこのふたりが出会ったって話は聞かないよね。接点多いはずなのに。そこだけは不思議。

きゅうりとバターの相性について

(マ)　なに飲もうか。

(し)　白ワインかな。

(マ)　ロゼはどう？　伊丹さんのエッセイ「過ぎ去った夏の日日」（p.92）もロゼのことを書いてるけど、夏場の南仏へ行くと本当に全員がロゼを飲んでる。

(し)　赤とか飲んでる人、誰もいないね。しかしマコちゃん、このきゅうりのサンドウィッチってほんとにおいしいんだけど、どこにおいしさがあるの？

(マ)　きゅうりと乳製品って相性がいいんだよ。フランスだと太いきゅうりを生クリームであえるじゃん。ペロっと1本食べられるくらいおいしい。

(し)　生クリームと塩か。

(マ)　きゅうりの青臭さと乳製品のまったりした感じが一緒になるとおいしい。中東にもきゅうりとヨーグルトをあえるのあるよね。

(し)　おれ、つまんない食べものがあるなって思ってたの。カッパ巻きとか湯豆腐。なんでわざわざそんなもの食べるの？って思ってたけど、最近、好きになってきたんだよ。で、このサンドウィッチもつまらない食べものだけど、そのつまらないかんじがおいしい。

(マ)　大人になったねえ。ついこれにハムとか入れたくなるけど、絶対きゅうりとバターだけがおいしいから。いわば素朴さを楽しむっていうかね。

(し)　その美学というかさ。おれもこの年になってようやく湯豆腐の滋味深さがわかるようになってきたよ。

マイクルのキャベツ登場！

(し)　これはあんまり印象にない。

(マ)　そう？　エッセイにあるよ（p.94）。ぼくもいつも中華鍋で作る。強火でちょっとキャベツに焦げ目つくギリギリのかんじを狙ってさ。

(し)　うん、芯がしゃきっとしてておいしい。たとえば、これにクミンとか加えると違うおいしさになるじゃん？

(マ)　そうそう。エルブ・ド・プロヴァンスかけたら南仏料理っぽくなるし。

(し)　そういうのが料理の楽しみだよね。

(マ)　そこが楽しめる人は伊丹さんのエッセイを楽しく読めるんじゃない？

(し)　物事をいろんな方面から考えるってかね。楽しいことは身近に潜んでる。好奇心だよ。これおいしいよ、おもしろいよってことを、ぼくたちは伊丹さんだったり、開高さんだったり、檀さんだったりに学んできたわけだから。

ゴードンの文字を見ながら一杯

(し)　それでさ、今日はこれでマコちゃんと一杯飲もうと思って。

(マ)　なになに？

(し)　昔のゴードン（ジンの代表的銘柄）の木箱。この木箱の文字を眺めながら、

「かつてドライマティーニ好きがその辛口さ（ドライさ）を競い、ベルモットの瓶のラベルを眺めながらジンを飲んだという逸話にちなんで、今日はふたりでこの木箱の文字を見ながら飲みたいと思った」と吉田さん。

ドライマティーニを飲む。おれが作るね（肩に布巾を置き、ストレーナーなど本格的道具を取り出す）。

㋮ ほう！

㋛ 伊丹十三は商業デザイナーをしていた時期もあって、恩師である山口瞳の『人殺し』って本の装幀もやってるんだけど、そのタイトルのレタリングまで自分で手がけてる。つまり、タイポグラフィ、手書きの文字にすごくこだわりがあったわけよ。で、もちろんドライマティーニについても書いてるしね（p.83）。この伊丹さんのイラスト（p.85）にゴードンの瓶が描かれてるけど、それと同じ時代の未開封のラベル、そしてやっぱり同時代の木箱。

㋮ 昌ちゃんらしい。ほんとに人を喜ばせるのが好きだから。

㋛ じゃあさ、飲もう。いただきます。

㋮ いただきます！

——ふたり満面の笑顔——

㋮ いいねえ。久しぶりにドライマティーニを飲んだよ。

㋛ よかった。ぼくらふたりとも古道具屋で、伊丹十三が60年代に書いた本に影響を受けてるわけだから、こんなふうに伊丹さんに敬意を払うのもいいんじゃないかなと思ってね。

かくあるべし

小ぶりな中華鍋。次男の万平さんがひとり暮らしを始める際、同じものを譲り受けた。大人数の料理を作るときは、直径50cmほどの巨大な両手持ちの中華鍋が活躍した。

若い頃は細身のスーツに身を固め、
ヴェネツィアから取り寄せた革靴を愛用した。
映画を撮るようになってからは、
チャイナジャケットに刺し子の半纏がトレードマーク。
華やかな経歴とスタイルに目がいきがちだが、
実際は、地に足の着いた生活者だった。
料理をし、子育てをし、たくさんの仕事をした。
つねに周囲に目を凝らし、考えを巡らせた。
食についても、あるべき姿を書き記している。
おいしいものを食べ、味を覚えておくこと。
ほんとうの水の味がわかること。
料理を終えたとき、洗いものが残っていないこと。
何事も本質的であるかどうかが肝心だった。
それらはすべて、生きることとのスタイルそのもの。
ちなみに、エッセイ「目玉焼の正しい食べ方」に
映画『家族ゲーム』に出演した伊丹さんの姿を
思い出す人も多いかもしれない（最高でしたね）。

イギリス人の驚き

イギリス人というのは実によくお茶を飲む。ものの本によれば、イギリス人は朝起きた時まず一杯、朝食をとりながら一杯、朝食のあとで一杯、会社へついて一杯、十時のお茶の時間に一杯、昼食の時に一杯、会社へ帰ってきて一杯、三時のお茶の時間に一杯、五時のほんとうのお茶の時間に一杯、晩めし前に一杯、晩めしが終って一杯、今日は天気がいいというので一杯、雨だというので一杯、おいしいクッキーがあるから一杯、なんにもないから一杯、仕事が早く終ったから一杯、仕事が長びいたから一杯、その他あらゆる理由で一杯飲むのであるが、イングリッシュ・ティーのエチケットとしては、すすめられたお茶は決して断ってはならない、というのである。

　さて、そのイングリッシュ・ティーの淹《い》れ方であるが、まず、冷い牛乳をコップに注ぐ。そこへポットから熱い紅茶を注いだあと、お砂糖を入れるのである。「冷い」「牛乳を」「先に」コップに注ぐところが、イングリッシュ・ティーの神髄であって、これ以外の方法では絶対にイギリスの味にはならない。

　つまり、熱い牛乳を入れたり、牛乳のかわりにコンデンスド・ミルクや、クリームを入れたりしたのではイギリスの味にならないのである。

　イギリスの牛乳は濃い。濃いから、朝、戸口へとりにいってみると上のほうがクリーム状になっている。このクリームの部分を猫にやって、あとをお茶に使うのがイギリス人というものである。

日本へきたイギリス人とつきあっているうちに、彼がお茶のことでびっくりしたのを二回見ることができた。一度は私がアイス・ティーを飲んだ時。今一度はホテルの紅茶のポットの蓋《ふた》をあけて見たら、お茶の葉が全然はいっていなかった時である。やはり、われわれだって土瓶の蓋をあけて見たら、お茶の葉が全然はいっていなかったというのは、なんとなく欺《だま》されたような気がするものです。

ともかく、この二回、彼は私が生卵をつるりと飲むのを見た時と同じくらいびっくりしたのであった。

水の味

かつてイギリス人とフランスを旅行したことがある。彼の料理に関する知識は該博であり、彼自身優れた料理人でもあった。大食漢であって大酒呑みであった。つまり食通であった。その食通はフランス料理に関するかぎり完璧な味覚を備えていたが、この味覚にも盲点があったのである。彼には水の味がわからなかった。ある昼下り、フランスの小さな村で食事をしながら、私がその村の水の味を賞《ほ》めた時にこれが露見したのである。

「この村の水がうまいって、それはどういうこと？　水にうまいまずいはないだろう」

というのである。はっは、これぞ日本人最も得意の話題ではないか。

「ばかだなあ、水というものは場所によっていろいろに味が違うもんだよ。ロンドンの水とパリの水はまったく味が違うよ。イタリーだってローマの水はちっともおいしくないが、タルキニアなんて小さな町で水がめっぽううまい町がある。日本ではね、お茶というものは一つの芸術にまで高められているのだが、そのお茶の味を決めるのは水です。だから日本人は水の味に関してはうるさいよ。日本では物事の究極のうまみ、というかおもしろみのことを醍醐味《だいごみ》というのだが、これはね、醍醐という山の上の泉の水があまりにもうまい、というところからきておるのだね。（日本ではこの説は妄説ということになっているが、でも私は好きなのだ、この説明が）水にうまいまずいはないだろうって？　とんでもない話だ。君はほんとうにわからんのかね、水の味が」

「正直いってわからない」

ということになった。

　かわいそうなものです。日本人ならだれだって知ってるだろう水の味がわからない。子供のころ遠足にいってごうごうと泡立って流れる谷川からじかに飲んだ水の味。夏の炎天の運動場で行列を作って飲んだ水の味。通りがかりの家の、剝《は》げちょろけの緑色のポンプを片手で押して、片手で掬《すく》って飲んだ水の味。（勢いや速度も温度と同じく水の味の一要素だね）そういう水の味を知らぬという。日本人であるわれわれは水の味のわからぬ食通にだけはなるまいぞ。――

無駄なことです

お料理学校というのは、私にはどうも納得のいかない存在である。料理をする場合、一番大切なのは舌である。味覚である。味覚というものは育ちとたいへんに関係が深い。必ずしも美食ということでなく、漬物でも味噌汁《みそしる》でもいい。味の深み、というものを舌で知っていることが先決問題である。

こういう話がある。ある電鉄会社が盛り場で大食堂をやっている。この食堂というのがなにを食べてもどうにもまずい。そのうち同系会社の社長会議で、関西出身の無遠慮な社長が大食堂の社長をつかまえて聞いてみた。

「あんたんとこは、なにを食うてもえらいまずいで。あんた、味がわからんのと違うか」

「はい、実は私は山梨県の生まれですが、ご存知のように山梨県には海がなく、これというおいしいものがありません。たぶんそういう国に育ったせいか実をいうと私には食べ物のうまいまずいというのがまったくわかりませんのです。なにを食べても同じような気がします」

深く頭《こうべ》をたれたのだという。

すぐれた舌を持っている人は、これから作ろうとする料理をどういう味にするか、はっきりしたイメージを持っている。イメージがあるから途中の段階でだんだん味を整えてゆくことができる。

一方、味覚の鈍い人の唯一《ゆいいつ》のよりどころは、例の、だしカップ一杯半、砂糖大《おお》匙《さじ》三杯みたいな数字だけである。イメージがないから、妙な味になってもなおすことができない。

そもそも、味覚の優れた人なら料理学校なんぞへゆきはしないだろう。作り方を本で読んだり人に聞くだけで、そうとううまいものを作り上げてしまう。

だから料理学校へかよっている人は、よくよく味覚に自信のない人たちだろうと思う。こういう人が料理を習うのはまったく無駄なことです。料理を習う前に、まず、さよう五年間、毎日三度三度おいしいものを食べてもらうよりほかに方法があるまい。

料理人は片づけながら仕事をする

私が料理を始めた動機というのは、ごく愚劣なものなのです。まあお聞き下さい。二年ばかり前、私ども夫婦は半年ばかりロンドンで暮した。ハムステッドにフラットを借りて自炊して暮した。ここの家主というのがフランス料理の大家で、自分の作った料理をひとに食べさせるのがなによりも好きという独り者のうえに、うちの奥さんがそれに輪をかけた料理気違いです。

それゆえ、私が居間でもってソファーにふんぞりかえって子母沢寛氏の「味覚極楽」なんぞを繙《ひもと》いていると（ついでながら、私は外国へゆく時は必ずこの書物を携えてゆくのです。ロンドンで、ローマで、パリで、もう何十回読み返したかわからない）このドメスティックな二人組は台所で盛んにラルースの「フランス料理大全」なんかをひっくりかえしたり、なにやら討議したり、一人が用ありげに台所から出てきたり、また別の一人がしばらく買い物に出かけたり、そうこうしているうちに、なにやら刻む音、なにやら煮立つ音とともに、予測のつかぬ香ばしい匂《にお》いなども漂いはじめ、台所の中の動きがただならぬ具合いにあわただしくなったと思うと、ファンファーレの音高く（もちろん、これは料理人の心の中で鳴り渡っているのだが）本日のスペシャル・メニュー！　がしずしずと現われる、という仕掛けの毎日を私は送っていたのです。

本日の特別料理は、ある時は「子羊の骨付き、アップル・ソース」であり、ある時は「家鴨《あひる》の焙《あぶ》り焼、オレンジ添え」であり、またある時は「牛肉のブルギニョン、壺《つぼ》入り」であり「ギリシャ風洋蕈《マシュルーム》の和《あ》えもの」であり、「キューカンバー・スープ」だったこともある。キューカンバー・スープなんていうのは、日本ではたえてお目にかかったこともないが、胡瓜《きゅうり》の入った一見ヨーグルトのような白い冷いスープで、得もいわれず味わい深い。食べるのは一瞬であるが、調理法は複雑をきわめ、確実に丸一日かかるのです。

このような結構な毎日ではあったが、私には気に食わぬことが一つあった。すなわち、彼らが料理した後の台所は散らかり放題に散らかって、足の踏み場もないのである。

あらゆる鍋、皿、ボウル、スプーン、包丁、布巾《ふきん》、調味料、野菜の切れ端、使い残しの肉、卵の殻、そういうものどもが、死屍累累《ししるいるい》という塩梅で台所のあらゆる空間をおおいつくすのであって、どうもこれは気に食わない。仕方がないから、そうだ！　身をもって範を垂れよう。本当の料理人は常に片づけながら仕事をする、ということを見せてやろう。

こうして私は生まれて初めて包丁を持ったのであります。忘れもしない、私はまずカレー・ライスを作ったね。料理の本を読むと、いやあ、便利なものですな、これは。「まず玉葱を紙のように薄く切り、これを大量のバターを使ってとろ火で炒める。狐色に色づいた時玉葱を引きあげ、紙の上に並べて油を切る。二、三分もすると玉葱はパリパリになりますから、これをスプーンの底ですりつぶして粉にする。この玉葱の粉がカレー粉の色と香りの基調になるのでございます」なんぞということが書いてある。なるほどやってみると、その通りになっていく。

鶏のぶつ切りを炒め、じゃがいも、人参を炒め、チリー・パウダー、塩を少少、カレー粉を次次に加え、同時に鶏のスープを仕込み、炒めたものにスープを加え、玉葱の粉を一緒に煮込んでいく。いやはや、面白いのなんの。トマトを布巾で絞る、これが酸味。マンゴ・チャトニの瓶詰のドロドロの部分で甘味をつけ、最後にライムを一絞りしぼって味を引きしめる、なんて、まあただで教わるのが勿体《もったい》ないようなことがすっかり書いてあって、その通りやるとその通りのものができる。これには驚きましたねえ。

傍《かたわ》ら私はどんどん物を片づけましたよ。それが目的なんだからね。要するに、片っ端から常に片づければそれでいいのさ。汚れ物というものは加速度的に増えるから、一旦《いったん》溜《たま》り始めるともういけない。追いつけなくなってしまう。

ま、そういうわけで、私の料理の第一日目には今まで食べた最良のチキン・カレーとピカピカに磨き上った台所が同時にできあがったわけで、目出度《めでた》き事限りなし。そうして物事は初めが大事だ。初めに身についた習性というものは、なかなか抜けるもんではないのでして、今でも女房は台所が汚れてくると私の料理を所望するのです。

箸の汚れ

学生の頃、左利《き》きで箸を使う練習に励んだことがある。だんだん上達して、めしはもとより、味噌汁《みそしる》の中の半熟玉子なんぞも器用にこなすようになって、ついには、魚の塩焼なんぞを、毟《むし》ったり、骨をとったりなんぞもできるようになった。

今考えても、一体なんのためにこんなことに熱中したのか、さっぱりわからないが、毎日、学校の帰りに黒豆の煮たのを買って帰ってはそれを一粒一粒、左手に持った箸で食べる練習をしたものです。（つまり「基礎作り」に励んだのだ！）

おそらく、下宿のめしがあんまりまずいので、食べる時の励みを他に求めたのであろうか。考えてみれば、まだ他にも凝った記憶がある。

題名は忘れたが、たしか石川淳先生の小説であった。主人公が、屋根裏部屋みたいなところで、音もなく、素早く食事を済ます。これを眺めていた女が、ア、おまえさんは、私たちの仲間だ、音をたてずに、素早く食事をするのは、泥棒か貴族に決ってるのよ、といった口をきく。

これが実に鮮かに私の心に焼きつきましたね。右の記憶は、私の心の中でまったく変形しているかもしれぬが、あえて私は原典にあたってみない。確かなのは、それ以来「無音」ということが、私の食事の美学の一大鉄則となったことであって、おかげで私は外国へいった時にずいぶん助かった。劣等生にも劣等生なりの、文学の吸収の仕方があるものなのですね。

そうして、長ずるにおよんで今、私は子母沢寛先生の「味覚極楽」の中の、小笠原長生氏の話、というのにこだわっている。

「むかし私の家の何代目かの人間が京都へ使ひに行つて宮中で御膳《ごぜん》が出た。小笠原流の一家の者だ、どんな風にして飯を食ふだらうと更でだにこんな事にはやかましい公卿《くぎやう》さん達は唐紙障子のかげにかくれてすき見をしてゐる。小笠原は直ちにこれに気がついたので先《ま》づいきなりお汁もお平のおわんもふたをとると飯の上へざぶりと汁をかけ、その上へお平をまた打ちかけ、また香の物を打ちかけてさくりさくりと食ひ出した。公卿達は肝をつぶした。なあんだ小笠原一家の者だなどといつて、あれでは田夫野人にも劣るといふので、頻《しき》りに冷笑したが、いよいよ膳部を下げて箸を洗ふことになつてはじめてびつくりした。そんな荒つぽい食ひ方をしてゐるにも拘《かかは》らず、箸の先が二分とはよごれてゐなかつた。」というのである。二分とは今でいう六ミリ。

お茶漬や、納豆を食べるごとに、私は、およそ五センチくらいも汚れてしまって、海苔《のり》の滓《かす》なんぞこびりついている自分の箸を、つくづく眺めやっては、小笠原流の神秘を思うのである。そうしてまた二分しか汚れていない箸に気づいた、公卿さんたちの神経を思いやるのであった。

塩

辻留さんの話。

　あんさんとこは、お塩はどのようなものを使《つこ》たはるの？――食卓塩？――そらあかん、そらあかんで。お塩は矢張り荒塩というか、並の塩やな、あれやないとあきまへんで。

　並塩というものは、あれは九十六パーセントの塩化ナトリウムや。これで、食卓塩というものは九十九パーセントの塩化ナトリウムや。こらもう薬品でしょ？　味かて辛いだけや。そらもう槍の先みたいにプーンと鋭いだけやがな。オーイ、ちょっと塩持ってきてみい。――ホラ、これが荒塩や。これちょっと舐めてみなさい。あんまり辛くないでっしゃろ。模糊《もこ》としてるでしょ、なにか靄《もや》がかかったような感じで、奥行きがあって、ヴォリュームがあるような。これが味やにや。

　九十六と九の間の三というものが問題なんやろなあ。そこに、こう、なんや解らんけど、難かしい、色色な成分があるにやがな。そやさかい味かて旨いでっしゃろな。それをあんた九十九パーセントちゅうもん作って、その上にでっせ、あの小さな一粒一粒に全部皮膜をかけたあんやさかいなあ。

　こうやってやね、二つのコップに水を入れてやねえ、片っぽに食卓塩入れて、もう一方に荒塩入れて、ええか、ちょっと見とってみなはれ、ホラ、荒塩のほうは透明になりよるけど、ホレ、食卓塩のほうはいつまでも、薄う白う濁ったままでっしゃろ。溶けへんのや皮膜がいやはるさかい。魚に塩をパアッと振ろちゅうたかて振れまへんで、細かすぎて。指の間からサアッと落ちはるがな。

　しかも、この不味《まず》い食卓塩がやね、旨い荒塩の四十倍からの値段すんにやさかいなあ。オモロないなア、ほんまにオモロない。

――――

ノリヲ火デアブルトドウシテ緑色ニナルノ?

この子のお母さんは、きっとお料理の上手な人であるに違いない。最近では、いわゆるヤキノリの罐詰が普及してしまって、大判の浅草海苔《のり》を丹念に火取って召し上がるということが、次第に珍しいことになりつつある。ヤキノリだなんて私はごめんだなあ、宿屋の朝めしじゃあるまいしさ。しかも、粗悪品には艶をよくするために蛍光塗料を塗ったものがあるとすらいうじゃありませんか。夜になると光るのでもあろうか。とんと薄気味の悪い話であります。

大判の海苔を火取るのは、簡単なようでいてむずかしい。若い女の人にやらせると、ガスの炎すれすれのところに海苔をかざして、大急ぎで焼いてくれるね。だから、焼き上がった海苔はデコボコで、茶色や黒の焼け焦げだらけ、しかも明るい光に透かしてみると、いっこうに緑色が冴えず、もとの黒い色のままの部分がまだらに残っている、ということになる。

海苔を火取るうえに重要な点は次の三つであります。すなわち、

一、火が強すぎてはいけない
一、片面だけあぶる
一、炭火、あるいは電熱器であぶる

つまり、ガス火は水蒸気が出るからパリッと焼き上がらない。一瞬パリッとしてもすぐに湿《し》っけてしまう、ということですね。

辻留さんの『焼物』という書物には、

「浅草海苔の大判を二枚重ねて、弱火に金網をのせたところで、静かに金網をなでるようにして火取ります。一応料理上手と言われる人でも、よほど気をつけていないと、ちりちりっと焦げ目がつき、苦味がつきます。といって、火力が弱くて焦げるのを恐れていると、長く時間がかかるばかりでなく香りが立ちません。お掃除をする要領で四隅をしっかり火取り、丹念に火力に合わせて焙《あぶ》ると、全体が緑鮮やかな色調になります。明りに透かして黒いところが残っていたら、もう一度火取り直すくらいでないと、磯の香り充分な美味は生まれません。浅草海苔が完全に火取れたら、料理人は一人前になったも同様と、いつも店の人に言うのですが、究極は火取ることにのみ精神を集中できる、そのことが尊く、また、何事にも通じると思います」(婦人画報社刊)

とある。また、辰巳浜子さんの『手しおにかけた私の料理』には、

「近ごろの都会生活で、海苔焼のために七輪で木炭をおこすことは殆どないでしょう。ガスは水蒸気が出るので海苔は焼けません。電気でお焼き下さい。火のむらがなく大そうよく焼けます」(婦人之友社刊)

とある。

さて、好きな料理の話とて、ついつい永くなりましたが、海苔を火で焙ると、どうして緑色になるのか。

この原理は非常に簡単であります。海苔の原料であるアサクサノリは、海中に生えている時は鮮かな紅紫色をしている。つまり紅紫色の色素を多量に含んでい

るのでありますが、しかしそれだけではない。葉緑素もまた多量に含んでおります。

海苔を焼くと緑色になるというのは、熱によって、この紅紫色の色素が「青い色素」に変化する、この青い色と、葉緑素の持っている緑色とがあわさって、ああいう鮮かな緑色が出るのですね。

ついでにいうなら、葉緑素というものは光に敏感なものであります。永い間夕ナザラシになっていた海苔なんか、いくら焙ってみても緑色が冴えてこない。つまり、これは日光によって葉緑素がすでに別のものに変質してしまっているのであって、これではいい緑色が出るわけがない。海苔の一番きらうものが「光」と「湿り気」であることをよくお考えいただくなら、その保存法もおのずから分明となりましょう。


余分な話になりますが、西洋には黒い食べものというのはキャビアくらいしかありません。だから、どうも西洋人に海苔とか佃煮とかキクラゲとか、あるいは毒掃丸なんかをすすめると大変に警戒しますね。ある日本人の家族が、仲のいいアメリカ人の家族と打ちつれてピクニックに行った。昼飯の時にアメリカ人の子供が、日本人の子供が食事しているのを見て火のついたように泣き出し、以来両家はすっかり気まずくなったという話をなにかで読んだことがあります。

なあに、日本の子は、海苔で包んだ大きなオニギリを食べていたに過ぎなかったのですが、アメリカ人の子供には、それが赤ん坊の頭に見えたらしいのだな。「日本人が赤ん坊の頭を丸ごと食べてる！」こりゃあ泣き出しますよね。すごい恐怖だったろうと思う。

目玉焼の正しい食べ方

目玉焼というのはどうも食べにくい料理である。正式にはどうやって食べるものなのか。こうだ、という自信のある人にかつてお目にかかったことがない。

どう考えても正式でなさそうな食べ方の第一に、白身から食べるやり方がある。まわりの白身をどんどん切りとって食べてしまう。最後に黄身だけが丸く残る。こいつを、右手に持ちかえたフォークでそろりそろりと口に運ぶ。これは見ているほうがはらはらしてしまうし、第一、フォークを右手に持ったりするところが、どうにも怪し気な感じだ。それに、黄身だけを大事そうに最後まで残されると、ホラ、子供がおいしいものを一番最後に食べる、あの感じになってしまう。ははあ、この人は子供の頃から目玉焼を食べる時には黄身だけを最後まで残してたんだな、そうしてついにそれを脱却しなかった人だな、という気がしてしまう。

おいしいものだからこそ、一番おなかのすいている最初に食べるべきだ、という考えをおこした友人があった。この食べ方も一見して邪道とわかる。目玉焼を見るなり、彼は皿に口を近づけて、真ん中の黄身をぺろりと吸いとってしまうのですが、こんなことが人前で許さるべきものではありません。

となると、残る方法はただ一つ。大事な黄身を、涙をのんで壊してしまうやり方である。流れ出した黄身を、いわばソースにして白身を食べる、というやり方である。穏健でもあり、常識的でもあり、かつ味覚的にも悪くないと思うのであるが、おもしろみがないうえに、食べ終った皿が黄身だらけで、まことに見苦しく、つい、パンかなにかで綺麗《きれい》に拭《ふ》きとりたくなってしまう。実際問題としてもったいない食べ方であって、やはり完全な方法ではありますまい。

例の友人は、最近では、白身を黄身の上にうまくたたみこんで、目玉焼一個を一口で食べる方法を考えているらしいが、これもあまり期待できそうにないのであって、目玉焼というものは、つまりそれほどまでに、なかなか食べにくいものなのであります。

参考までに私の用いている方法をいおうか。これは非常にインテリ臭い食べ方である。すなわち、この文章と同じようなことを、喋《しゃべ》りながら実演すればよいのだ。

「ネ、こうやってさ、白身から食べる人がいるけど、あれはやだねえ。こんなふうに黄身だけ残しちゃってさ、それを大事そうに最後に食べるんでやがんの。ホラ、こんな具合い！」

書棚より。

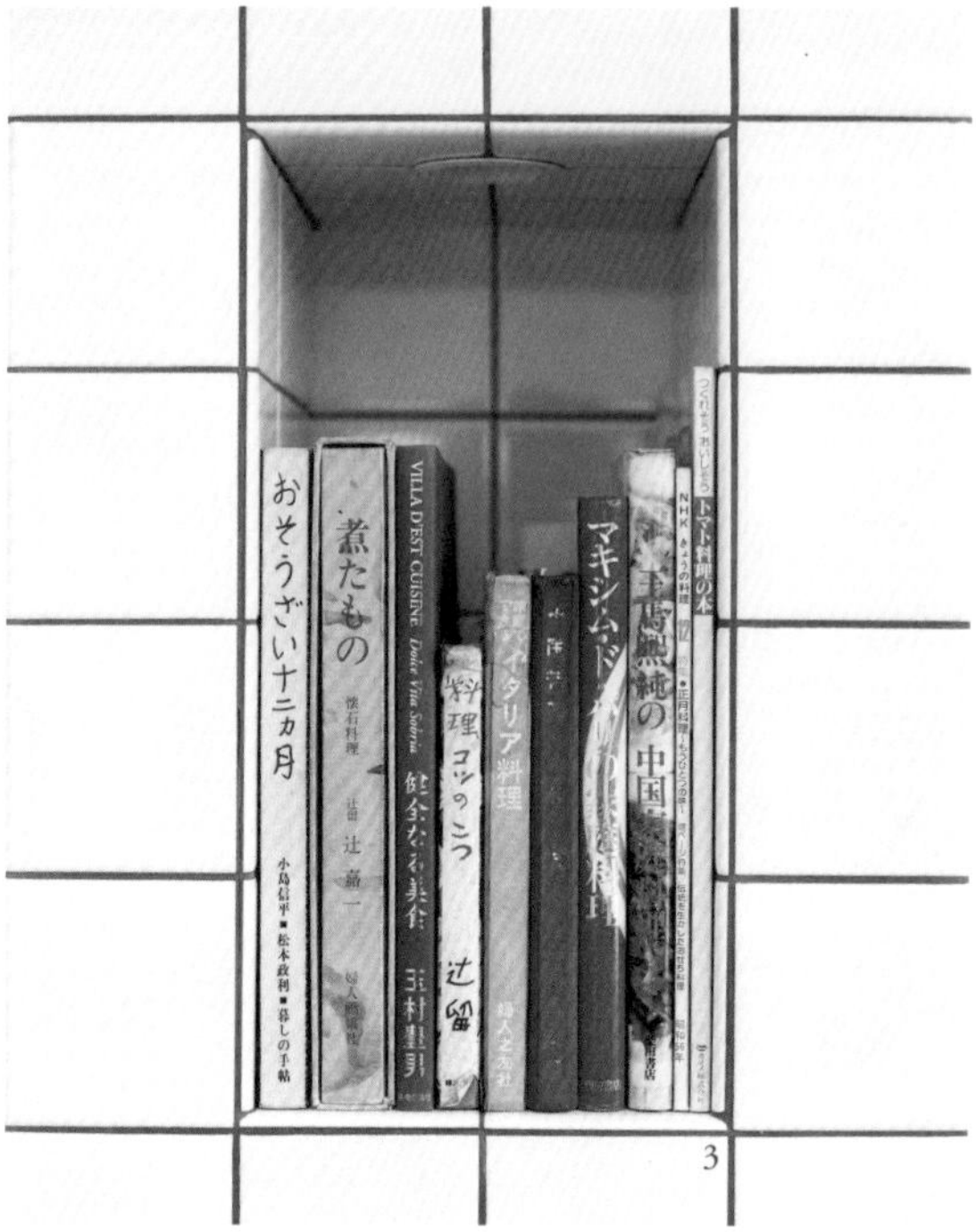

3

伊丹十三記念館の常設展「料理通」コーナー。
台所道具とともに蔵書が陳列されている。

伊丹十三と宮本信子が、それぞれ35歳と23歳で結婚したとき、「この本の通りに料理したらいいよ」と夫は妻に、その蔵書をドサッと手渡した。エッセイ「料理人は片づけながら仕事をする」（p.113）のなかで、伊丹十三は初めて自分でカレー・ライスを作った顛末を記しているが、曰く、「その通りやるとその通りのものができる」。以来、料理家の辰巳浜子、懐石料理店辻留の辻嘉一、洋食たいめいけんの茂出木心護の著書など、かなりの数の料理本を読んで参考にしていたようだ。なかでも、『中国料理』（王馬熙純、柴田書店）はページのあちこちに油染み、折り目が残され、愛用の跡がうかがえる。これらの料理本を通じて蓄積した経験と考察が、後に著した『フランス料理を私と』（文藝春秋）に生かされているかと思うと、感慨深い。

右から時計回りに『マリオのイタリア料理③パスタ、ピッツァ』(マリオ・ベニーニ、西川治、草思社)、『中国料理』(王馬熙純、柴田書店)、『洋食のこつ』(茂出木心護、文化出版局)、『揚げもの・炒めもの』(辻嘉一、婦人画報社)、『娘につたえる私の味』(辰巳浜子、婦人の友社。2008年に娘の辰巳芳子との共著として新版が文藝春秋より刊行)、『豆腐料理』(辻嘉一、婦人画報社)。

『フランス料理を私と』直筆原稿

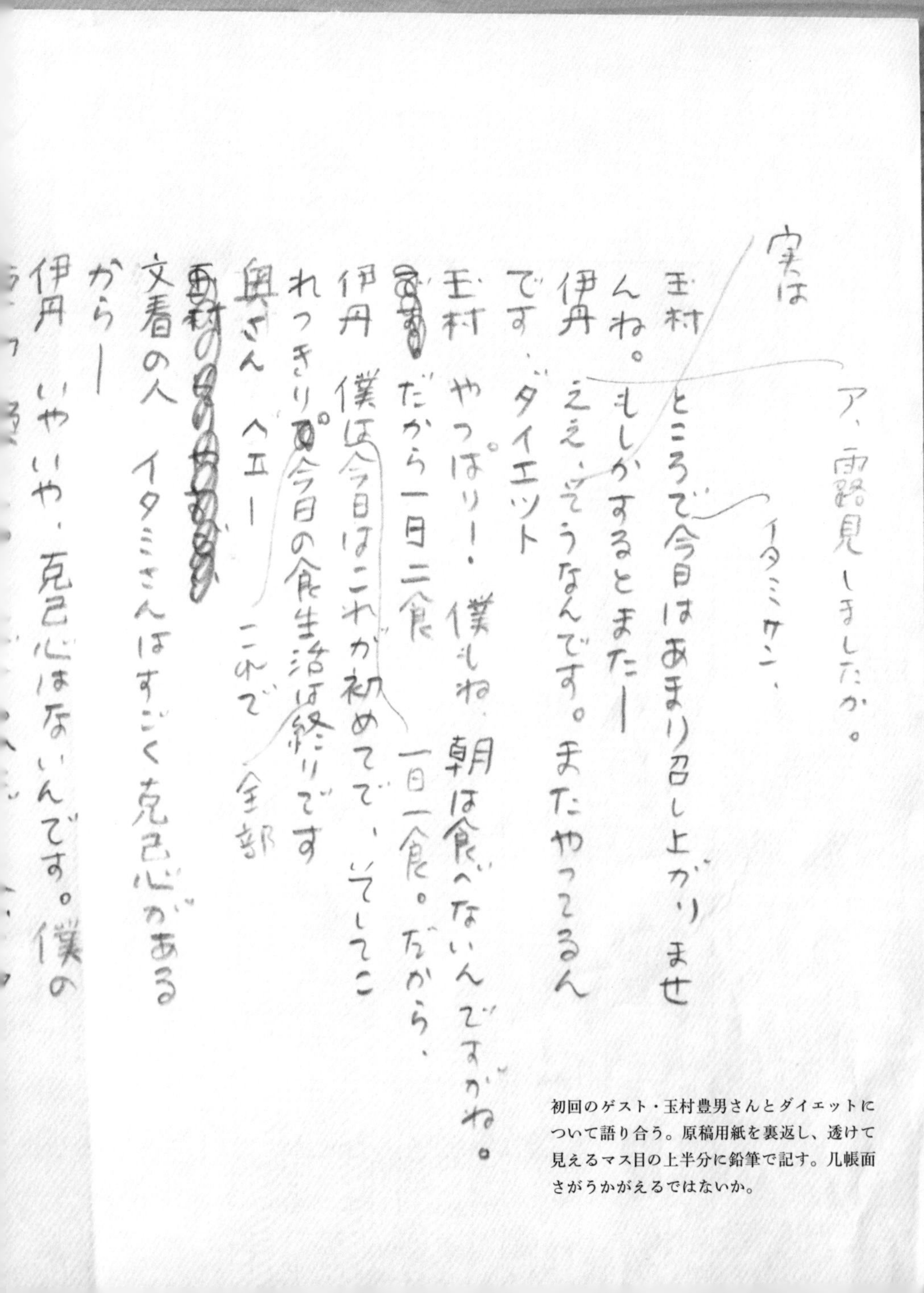
実は
ア、露見しましたか。
イタミサン、
玉村　ところで今日はあまり召し上がりませんね。もしかするとまたー
伊丹　ええ、そうなんです。またやってるんです、ダイエット
玉村　やっぱり！・僕もね、朝は食べないんですがね。
玉村　だから一日二食　一日一食。だから、
伊丹　僕は今日はこれが初めてで、そしてこれっきりの今日の食生活は終りです
奥さん　ヘエー　これで全部
玉村
文春の人　イタミさんはすごく克己心があるからー
伊丹　いやいや、克己心はないんです。僕の

初回のゲスト・玉村豊男さんとダイエットについて語り合う。原稿用紙を裏返し、透けて見えるマス目の上半分に鉛筆で記す。几帳面さがうかがえるではないか。

切り換っちゃうわけ
文春の人　ボタン押すみたいに？
伊丹　そうそう。ある時カチッと換ると、食べる人から突然食べない人に変っちゃうんです。ただね、変るためには、そこまでずうっと気合いが充実してこなきゃ駄目ですよ。肥って、おなかのあたりのだぶだぶした工合いがもういやでいやで、寝ても醒めても不愉快に思ってる状態が半年くらい続いてきますとね、次第に気合いが充実してきてね、ある日僕はパッと食べない人になる。あるいは酒を飲まない人になる。あるいは煙草を吸わない人になる。今は二つとも、同時になってますが（笑）
玉村　全くそうですよね。僕もイタミさんと同じなんです。毎日毎日、いやだ、いやだと思いながらも、しかし食べるという日々がずうっと続いて、そのうち、ある日突然何かが入れ換ると、食べ物なんか見るのもおぞましくなっちゃう
伊丹　カタストロフィ理論なんですよね。、というの
やだいやだと思いながら食べる、状態かということ

高橋みどりさんが読む、伊丹十三の料理本。

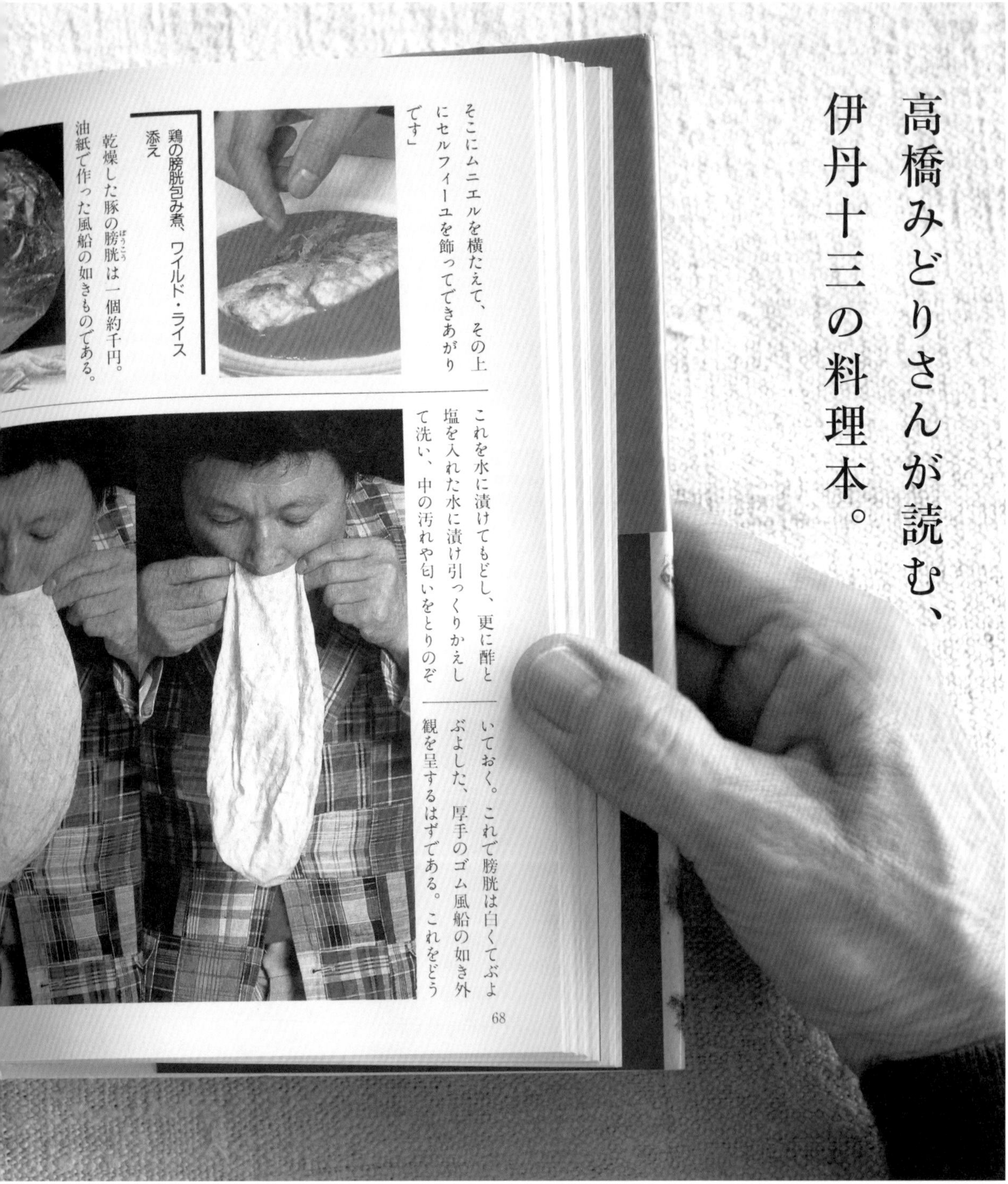

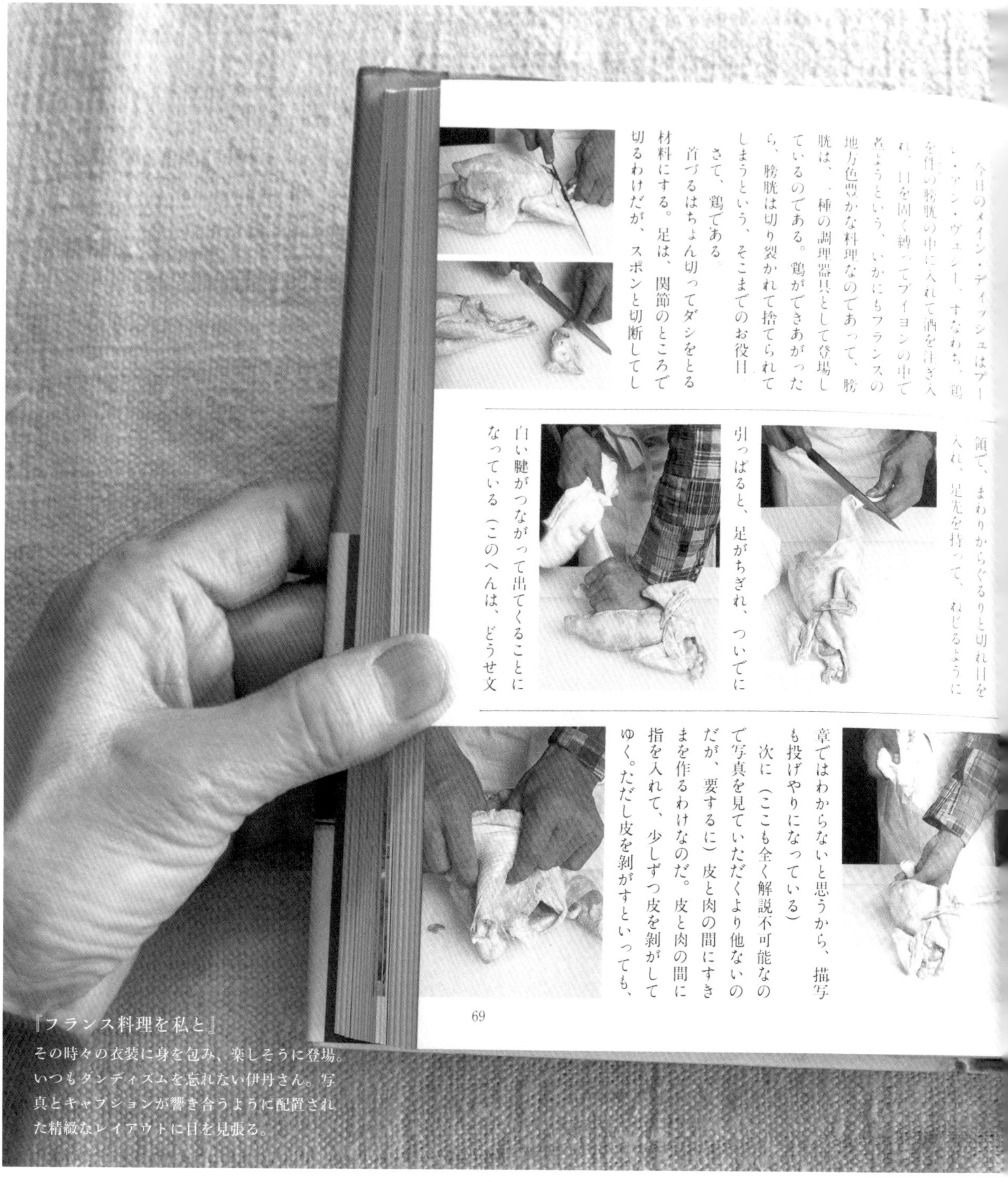

今日のメイン・ディッシュはプール・アン・ヴェシー、すなわち、鶏を件の膀胱の中に入れて酒を注ぎ入れ、口を固く縛ってブイヨンの中で煮ようという、いかにもフランスの地方色豊かな料理なのであって、膀胱は、一種の調理器具として登場しているのである。鶏ができあがったら、膀胱は切り裂かれて捨てられてしまうという、そこまでのお役目

さて、鶏である。

首づるはちょん切ってダシをとる材料にする。足は、関節のところで切るわけだが、スポンと切断してし

頷で、まわりからぐるりと切れ目を入れ、足先を持って、ねじるように引っぱると、足がちぎれ、ついでに白い腱がつながって出てくることになっている（このへんは、どうせ文章ではわからないと思うから、描写も投げやりになっている）

次に（ここも全く解説不可能なので写真を見ていただくより他ないのだが、要するに）皮と肉の間にすきまを作るわけなのだ。皮と肉の間に指を入れて、少しずつ皮を剝がしてゆく。ただし皮を剝がすといっても、

69

『フランス料理を私と』

その時々の衣装に身を包み、楽しそうに登場。いつもダンディズムを忘れない伊丹さん。写真とキャプションが響き合うように配置された精緻なレイアウトに目を見張る。

そこにあって、ふと読み返したくなる本。かまえることなく手にとり適当にパラパラと開く、幾度となく読んだページだけれど、なんだか久しぶりに会った友達との時間のようにも感じる。その時々の自分の歳や状況によって、感じること思うことが違うからまた面白い。伊丹氏の本は私にとって、そんな存在です。

30年ほど料理本作りに関わってきて、たくさんの本を作り続けていた時に思っていたことは、「愛される本を、読み返してもらえる本を」ということ。古本屋街へ通うようになったのは、かつて著された本を読み、見ることによって何かを得たかったから。初めはそんな向学心にも似た思いだったのが、むしろその面白さに見事にはまってしまった。されど、料理本だった。版ずれをしていようが、モノクロ写真だろうが、言い回しが面倒くさかろうが、おいしさが伝わってくるもの、作ってみたいと思わせるもの、そこに残しておきたいと思う本が沢山ありました。そうだ、私が作りたいものはレシピの向こうに何かがある本なのだ。

『ポテト・ブック』

マーナ・デイヴィス著、伊丹十三訳
1976年にブックマン社から刊行、2014年に河出書房新社より復刊。新版にはカバーイラストを手がけた矢吹申彦のエッセイも収録。

食の匂いのする本を古本屋の棚から、床積みされた中から引っ張り出して探す時間は宝探しのようでとても楽しい。こんなのがあったのかと驚いたり、感動したり。そして、手にしたのが『ポテト・ブック』１９７６年発行の初版、ブックマン社のもの。

まずはざっくりと全体を読む。なぜに序章がトゥルーマン・カポウティなのかという疑問もなくあっさりと読み進む。レシピの外国表示のままの記載も鵜呑みにし、その量の多さにただ驚くばかりだった。やれやれ、お腹いっぱいになるジャガイモの本だったたくらいの感想だったのではないか。

それ以前に読んでいた伊丹氏の『女たちよ!』『ヨーロッパ退屈日記』は、叱られそうだが飛ばし読み気味でもあった。なのに常にそばにあり、気づくと手に取っている。少し面倒くさいと感じていた文章が、そのこだわりかたも、ある意味すごく正直なことだと思い始めていたし、こちらの知識と経験も多少深まるにつれ、思わず頷くことが多くなった。そしていつ読んでも決して古くさいとは感じないその内容に毎度感心するばかり。

玉ねぎ、ジャガイモは常備野菜、あればいざという時になんとかなる。ジャガイモに対して、そんな向き合い方しかしていなかったと気づかせてくれたのは『ポテト・ブック』だった。

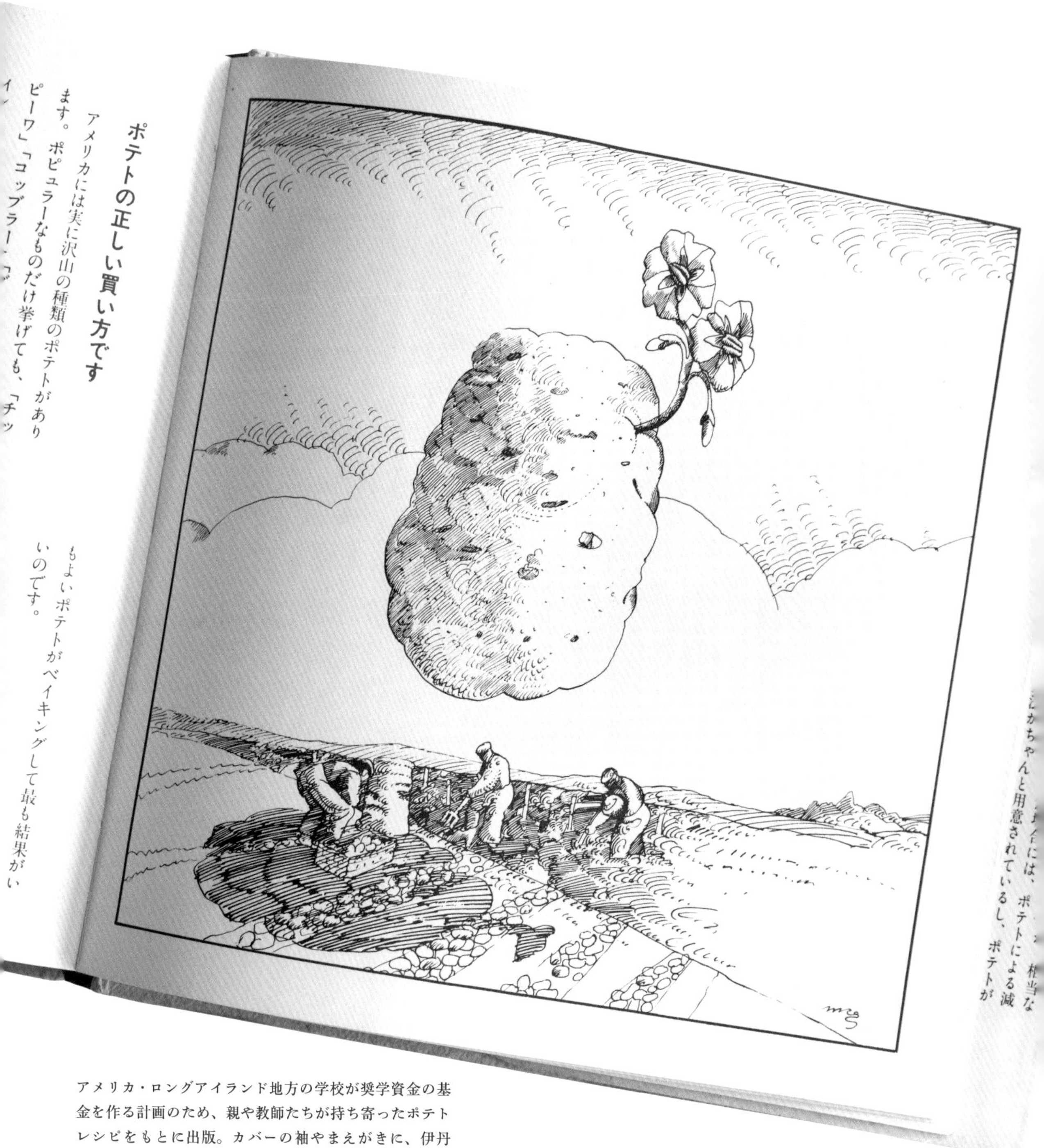

アメリカ・ロングアイランド地方の学校が奨学資金の基金を作る計画のため、親や教師たちが持ち寄ったポテトレシピをもとに出版。カバーの袖やまえがきに、伊丹十三ならではの洒脱なユーモアがちりばめられている。

この回の料理は「帆立貝と牡蠣のヴェルモット・ソース」。牡蠣の殻の剥き方を懇切丁寧に解説。ちなみに、専門の道具は伊丹十三記念館にも保管されている(現物かどうかは不明)。

『フランス料理を私と』

開けばひらくほど、その広がりと奥深さを知る。なぜこの本を伊丹氏が訳し紹介したかったのかが、面白さとともにじわじわと体の中にはいりこんでくる。

個人的なことで言えば、1年ほど前に東京から栃木の田舎町へ移り住み、土のある生活を始め、小さな畑を耕す新米ファーマーとなった。初めて植えたのがジャガイモ。初心者には一番簡単だからと勧められて4種類の芋を。結果欲張りすぎ、多すぎたのだけれど、これが面白いように成長する。目に見えてすくすく育つ様を見るのはとても楽しい。まさにこの本のイラストにあるような、存在感のある強い花を咲かせる。掘りどきは葉が黄色くなってきた頃、と畑の先輩に教わった。満を持して掘り起こすと、笑っちゃうくらい簡単に土のすぐ下からコロコロと実が現れる。初めての収穫がこんなにうれしいとは、我がジャガイモ！　愛おしさまで湧き起こる。まずは4種類の芋を1本ずつ掘り起こし、用意したザルに並べ見惚れる。初収穫は皮ごと蒸して、シンプルに塩とオリーブオイルを添えて食べてみた。おいしいのなんのって、掘りたてだからその粒子までも感じる。4種類の芋は色も味もちゃんと違い、それだけでごちそうだった。『ポテト・ブック』の存在感が、またここで大きく変わった。客観的にしか見ていなかった料理が身近になったし、さほど作りたいという気が起きなかったものが、とても興味あるものに思えてきた。それだけ収穫したジャガイモを、いかにおいしく的確に食べ尽くすかが焦点となった。

いやはや勝手なものである。そうとなれば本を手に取り開く回数もまた増える。隅々まで読めば読むほど、表紙カバー裏にかかれた文章、著者まえがき、もちろんトゥルーマン・カポウティの序からはじまり、巻末の日本のポテトの小百科、そしてカバー裏まで全てが見落とせない。

まえがきで伊丹氏も語るように『ポテト・ブック』は、決してただの料理本ではないのです。氏いわく「いわば、アメリカ文化そのものが、自分の家の台所に出現した、というふうに感じるわけなんですね。この本自体が、私にとってはアメリカの旅なんです。」そうか、私はいつのまにか伊丹ワールドの旅の楽しさに引きこまれていたのだ。

こうしてみると、『フランス料理を私と』も同じことなのだと納得する。

単純な私は、もちろん料理の匂いに惹かれてこの本を手にした。そうそうたる客人を迎え、というか、その方々のお宅へ押しかけてフランス料理を実演する。料理上手の伊丹氏だが、ここでは辻調理師専門学校の先生と助手を引き連れ、教わりつつ料理を作る。その過程も客人に見物してもらいながら、そして本にするわけだから、カメラマンも同行しているという凄まじいことになっている。

まずは、同業者の目から見て釘付けとなった。本の作りを見ただけで、ご苦労様でしたと言わざるを得ない。

まだデジタルカメラのない時代にここまで細かくプロセスを撮り、説明をわかりやすい言葉で添える。もちろん毎回違う内容で、料理した人間にしかわからないことも多いはず。それは、まさに伊丹氏自身が全てを指示しなければならないことばかりだから。

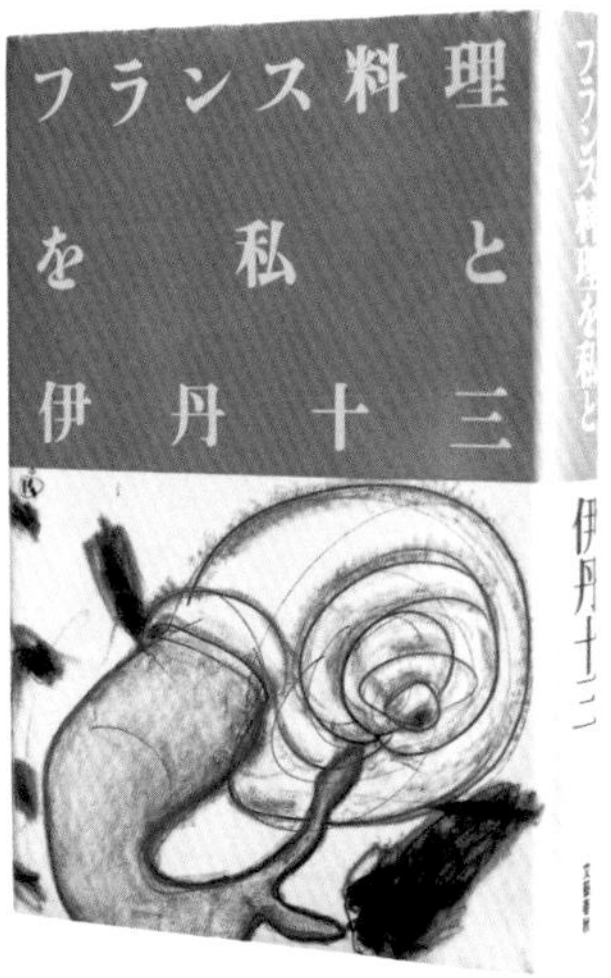

伊丹十三（撮影・飯窪敏彦）、文藝春秋
辻調理師専門学校のフランス料理主任教授水野邦昭さんに手ほどきを受け、本格的なフランス料理を作ったのち、料理を食べながら対談。ゲストは玉村豊男、岸田秀、日高敏隆など。

しかも料理はフランス料理、このハードルの高さをあえてやる。あげればきりがないほど数々の準備や手順、気配りがあったはずで、その仕事量は計り知れない。いやむしろ、これよく作ったなあと感心するばかりの本なのだ。加えて、目次には私の頭ではクラクラするほどの客人の名が並び、繊細な料理を作り終えてから、この方々とその道の専門的な話をするのだ。しかも自作のフランス料理を食べながら。

　だから、初めは悲しいかな、写真だけを目で追うので精一杯。ページを閉じてしばらく放置。そしてまた忘れた頃に、挑むように読んだ。そうしてようやく巻末近くの「小津安二郎　蓮實重彦　岸恵子」の章となり、ほっとする。なんとか自分の頭で理解できる内容だから。そして最後の「錬金術　種村季弘　辻静雄」にて、この本のなんたるかがようやく理解できたような気がした。これもまた軽はずみに手にしたところから始まって、まんまと伊丹ワールドへ誘い込まれていたのだ。

　でもきっとこんな誘いがなければ私が一生知り得なかったことばかりだし、その一端に触れられただけでも良かったと思う。そしてもしかしたらここから興味の糸口が開かれる、そんな存在の本でもある。おいしい匂いにやられてくっついてきたら、もっと様々な世界が待ち受けていた……そんな扉を開いてくれるのが、私にとっての伊丹本なのだ。

　２０２３年春、東京の桜がすでに葉桜となったと聞いた頃、ようやく栃木の桜が咲き始めた。三寒四温がおちついたら2年目のジャガイモの植えつけが待っている。土を耕し、『ポテト・ブック』をまたなんども読み返しながら士気を高め、植えどきを考えてはそわそわとしている今日この頃。

高橋みどり　たかはし・みどり

1957年群馬県生まれ、東京育ち。フードスタイリスト。栃木・黒磯の「tamiser table（タミゼ テーブル）」店主。雑誌や書籍で料理関係のスタイリングを手がける。『おいしい時間』（アノニマ・スタジオ）、『私の好きな料理の本』（新潮社）など著書多数。

◎田舎家風の夕食

（『ポテト・ブック』より）

材料

新じゃが　2ポンド（約900g）
コテイジ・チーズ　8オンス（約225g）
サワークリーム　2分の1パイント（約2.5dl）
分葱　1束
キャラウェイ・シード　1オンス（約30g）
塩

作り方

塩水でポテトをボイルする。ボウルにサワークリーム、コテイジ・チーズ、分葱のみじん切り、キャラウェイ・シードを入れて混ぜ、ポテトに添える。

食いしんぼう

写真提供・文藝春秋

マドラスチェックのジャケットに白いエプロンがなんともおしゃれ。『フランス料理を私と』では、伊丹さんの装いにも注目です。

好き嫌いはない。
食べたいものは、おいしいもの。
ペキン・ダックも大好きだが、
薄く冷たいトンカツとキャベツを挟んだ
カツパンのある種下世話な旨さも愛していた。
玄米菜食にハマったり、
ダイエットを試みた時期もあったけれど、
どんなときも、おいしく食べる手間はいとわず、
数々の名レシピを家族の記憶に遺している。
次男の池内万平さんが語る、
（たぶん二日酔いの）トーチャンが作る中華粥の
なんとおいしそうなことか。
祖母の作る梅干しや梅酒、伽羅蕗の味、
子どもの頃に食べた飯盒で炊いたご飯。
父親を早くに亡くした伊丹十三だったが、
幼少期に育まれた幸せな味覚と記憶が、
食いしんぼうの根っこにあるのかもしれない。

チーズフォンデュ用の土鍋。お正月、家族でこの飴色の鍋を囲んでフォンデュに舌鼓を打ったのだろうか。

なにがお好き?

　私の友人で、秋刀魚《さんま》のはらわたがなにより好き、という男がいる。どうして秋刀魚にはあれっぽっちしかはらわたがないのかね、おれだったら丼鉢《どんぶりばち》一杯でも食べて見せるがね、などという。

　こういう人物はいつの世にもいたものらしく、たとえば水戸光圀《みつくに》公は、塩鮭《しおざけ》の皮が好きで好きでたまらない。もし厚さ一寸の塩鮭の皮があるなら三十万石とでも取り替えるといったとかいう。

　私はそもそも虚弱性であるらしく、こういう話を聞いても、その闇雲《やみくも》な情熱に感心する前に丼一杯の秋刀魚のわたや、厚さが一寸もある、まるでビーフ・ステイクみたいな鮭の皮を想像して、もううんざりしてしまう。そんなことしてうまいわけがない。おいしいものもおいしくなくなってしまうのではないか、と考えてしまう。要するに好き嫌いというものがないのです。

「おれは青臭いものがだめなんだ。トマト、だめね。ピーマン、これもだめ。それから西瓜《すいか》、こいつがまた弱いんだよ」

「あたしは卵の黄身がだめね。白身はいいのよ。でも黄身はだめだなあ」

「ぬるぬるしたものね、滑子《なめこ》・蓴菜《じゅんさい》。歯あたりのくにゃっとしたものね、烏賊《いか》、蛸《たこ》。これがだめなんだよ」

「糸引くものっていうのもいやあね、納豆とか山芋とか」

こういう会話が始まると、私はひとり沈黙せざるを得ない。なにしろ好き嫌いがないのです。今にして思えば、子供の頃はまだ嫌いなものがあった。たとえば私は冬瓜《とうがん》が嫌いだった。それから胡瓜《きゅうり》の吸い物が嫌いだった。小学校の時、同級生の家で初めてそういうものを食べて、なんともまずいものだと思った。温い胡瓜なんぞ言語道断だと思った。

ところが、ですね、三十過ぎて京都へいってそういうものを食べてみると、これがうまいんだからいやになっちゃうよ。いよいよ私には偏食の才能が欠落していることが明白になってきたのであります。

そういうわけで「今夜なにを食べましょうか」というような話から「あなたは食べ物じゃなにが一番お好きなの？」なんて聞かれると、これは実に困る。困ったあげくに、あれは高校生時分だったかな、「おいしいもの」という答えを捻出《ねんしゅつ》した。こいつは便利だったね。「なにが一番食べたい？」「おいしいもの」間然するところがない。

しかしこの方法にも欠点があったのですね。こういう返事をすると、相手がいかにも困った顔をすることに最近気がついたのである。だから、この頃ではこの返事も使い辛《づら》くなってしまった。

人がはいれる天火で　烤鴨子

ペキン・ダックというのは通称で、ほんとうはカオヤーズという。烤鴨子、と書く。

烤鴨子は、中国料理の中でも、贅沢で豪華な料理に属する。第一かなり高いものです。高くて分量が少ない。そのくせひどくおいしいから、つい十人前を二人で食べたりするのであって、こういうときの気持ちは、もうやけくそというに近い。

どういうものかというに、美しく金色に焼きあがったカモの、パリッとした皮を細長い片にそいでゆく。

別に、コムギ粉で作った、ごく薄い、一種のパンケーキを用意し、このパンケーキで、カモの皮、ネギのセン切り、中国のみそを包んで、手づかみで食う、というのがその趣向である。

豪華なのはカモの皮だけであって、料理全体の趣は、むしろ素朴にして巧まぬものであります。そこがまたいいのさね。

以前、私は烤鴨子を作ろうとしたことがある。初めての料理だから、当然書物にあたってみた。私は、烤鴨子に関する短い記述を見出したが、それはつぎのように始まっていたのである。

「烤鴨子は、カモの皮を賞味する料理でございますから、まず、カモをじょうずに焼き上げることが眼目《がんもく》となります。烤鴨子のカモを焼くには、第一に、人が楽にはいれるくらいの天火を作らねばなりません、うんぬん」

実をいうと、このとき以来、私は烤鴨子という料理に一目置くようになってしまった。人がはいれる天火、これは手が出ない！

だからといって私があきらめたと思うのは早計というものである。私は、自分の家の小さな天火で、下味をつけたカモを焼き、なんとなく全体にくすぶったような色合いの、貧民ふうの烤鴨子を作り上げましたね。

どこが貧民ふうかというに、たとえば、私はカモの皮だけを薄くそぐ、なんていうことをしなかった。身もつけて厚くそいだのです。つまり、カモの皮だけを食べようというのは、料理が十種類も二十種類も出るようなときに、カモだけに口を取られるわけにはいかないから皮だけを食うのであって、私が作る烤鴨子は一品料理だからね、そんなぜいたくは許されないのだ、という理屈です。

烤鴨子と聞いてかけつけてきた一人の友人は、しばらく私の作品を見つめてから
「これは、カオヤーズモドキですね」

といった。

好味抄

ごく安物のカレー・ライスというものがある。カレー粉がまっ黄色で、肉はほんの一切れか二切れ、ジャガイモとメリケン粉だけは贅沢に使ったという感じで、しかも「恥ずかしいけど僕は好きだ」というあのカレー・ライスの話である。人人はソースなんかザブザブかけて食べるのだが、あれは、私にはカレー・ライスの不味いやつだとはどうしても思えない。あれはあれなりに本式のカレー・ライスとは性格の違った、独立した料理だと思いたい。カレー・ライスにはない独特の下世話な旨さというものがある。

あるいはカツパンなどというのもそうだ。パンの中に、ごくごく薄い冷たいトンカツと、キャベツを刻んだやつをはさんでソースをかけたカツパンというのがあるではないか。それから、例えば横浜駅のシウマイ、あれなんかもこの部類に入れてよい。あれはシウマイの安物とはいえないだろう。あれはああいう型の一種完成した食い物である。標準店で出すそばもそうだ。あれはそばではない。しかし一種のむなしい味がある。

男というものは、時時発作的にこういう下世話なものが食べたくなるもので、この味をつい家庭に求めては絶望することを繰返している。例えばチキン・ライスというと、奥さんは、鶏肉の贅沢にゴロゴロ入ったチキン・ライスを作ってしまう。こんなものはもうチキン・ライスとはいえない。山盛りの御飯の中に鶏肉がほんの五つか六つ。これがチキン・ライスの旨さ、ということなのだ。

丼めし

辻留さんのお書きになった料理を、私は随分と片っ端から作ってみましたが、一番好評だったのが〝満足飯〟というのです。これは、料理というより、もう少し原始的な段階の魚の食べ方なので、これが一番好評だったなどというと、辻留さんは不本意に思われるかも知れぬが、ともかく旨い。

作り方は『御飯の手習』（辻嘉一著・婦人画報社刊）に出ていますから正式の作り方はそれを見ていただくとして、今、ここでは私流に変形した我流の作り方を述べましょう。

まず、生きのいい白身の魚を、思い切って大量、角切りに作る。大きさは、小指くらいの大きさでいいでしょう。これを、醤油と味醂と黒胡麻の漬け汁に漬ける。黒胡麻は、勿論、炒りたてを粗ずりしていれるわけです。

この漬け汁を丼鉢に入れ、その中へ魚の角切りを漬け込み、三十分ばかり経ったところで、卵の黄身を四つ五つポカポカとぶちこんで食卓に上せ、上せるが早いか、この鉢の中身をかきまぜて、炊きたての御飯にまぶしては食べ、まぶしては食べ、その豪快なる満足感は他に類を見ないのであります。これが満足飯。

実は、今日はもう一つ、新発見を用意したのです。

これは、残念ながら私の発明じゃない。私の師匠の発明であります。私の「子供を育てる上での師匠」の発明であります。師匠は、鹿児島を本拠地に、世界を

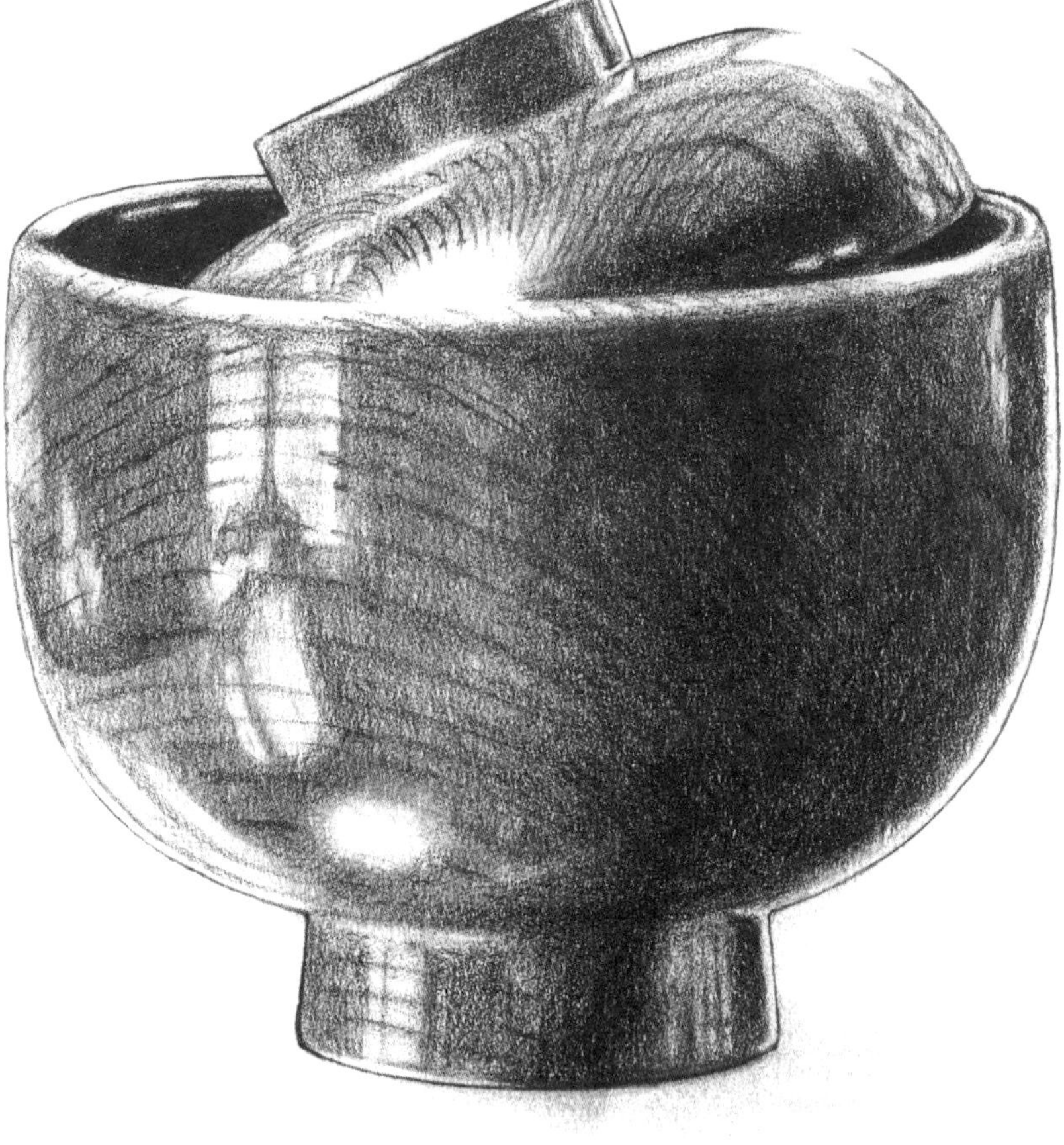

とびまわっているお爺さんであります。古木俊雄といって、世界中の人人を仲良くさせるのが彼の仕事であります。

さて、師匠の発明した料理を、仮に〝ハマチ丼〟と呼びましょうか。私はハマチ丼を、師匠の経営するユース・ホステルで御馳走になった。

客がテーブルにつきますと、まず、大いなる器にはいった大量のハマチの刺身がドンと中央に置かれる。ついで、葱、揉み海苔、山葵《わさび》などの薬味が並び、めいめいの茶碗に炊きたての御飯がよそわれる。

この御飯の上にハマチの刺身を並べると、客は順次立ち上がって、テーブルの一端に行列を作る。テーブルの端には大きな鍋の中に蜆《しじみ》汁がぐらぐらと煮え立っておりまして、師匠の奥さんが、みんなの茶碗の上に、蜆汁をすくってはかけてくれるのであります。

煮え立った蜆汁でありますから、ハマチの刺身がたちまち白っぽく色を変える。客は、急ぎ自分の席に帰って、薬味を思うさまふりかけると、この熱い熱いハマチ丼をふうふう吹きながらかき込むのでありました。

満足飯もハマチ丼も、その豪放さ、おおらかさがなんともいえず心地よいのでありますが、共通の欠点が一つだけある。

どんなに自制しても、御飯を食べ過ぎてしまうのであります。

おこげ

近頃の都会の子供たちはおこげというものを知らない。食べたことがない、というより存在そのものを知らない。

自動炊飯器のおかげで、今や御飯の出来不出来というものはなくなってしまった。不出来がないと同時に上出来もどこかへいってしまった。これは淋《さび》しいことである。

われわれの子供時分には学校で遠足にいくと、昼飯はてんでに飯盒《はんごう》で炊いた。三、四人がグループになって、河原に石で竈《かまど》を作り木の枝を渡して飯盒をならべて火にかける。飯盒の蓋《ふた》の上には必ず石をのっけて重しをすることになっていた。

炊上りは音でそれと知れる。煙に目をひりひりさせながら木の枝で重しの石を押しのけて、蓋を叩いてみる。こつこつと堅い音がしてくれれば炊上りである。炊き上ったら飯盒を火から降ろして、しばらくひっくり返しておかねばならぬ。上から下まで満遍なく蒸らすためであろう。日本中のだれでも知っているコツであった。

さて炊上りだ。おこげを作らずに真っ白く炊き上げたやつは大得意だ。おこげを作って、あとでお茶漬なんかしてるやつも得意そうである。真っ黒なおこげを作ったやつは、やっぱり得意そうにみんなに見せてまわっている。

でも、いくらまわりが真っ黒こげでも、中はふっくらとうまく炊けている。これが飯盒の不思議なところだ。百発百中である。

秋の空が高く澄んで、川面がきらきらと輝き、赤蜻蛉《とんぼ》が飛び交う。どこからどうして川を渡ったのか、向こう岸の大きな岩の上で食べている連中もいる。「こんなにうまい御飯は食べたことがない」みんながみんな子供心にそう思うのであった。

御飯に関する限り、今の子供は不幸である。やっぱり御飯は瓦斯《ガス》で炊くにしてもお釜《かま》で炊きたい。おかあさんが病気の時には、息子の太郎が健気《けなげ》にもおこげだらけの御飯を炊いてくれる。そういうものでありたい。

しまった！

私の祖母は八十三歳まで生きたが、晩年は食べ物にしか関心を示さなかった。寝たきりの病人であったが、はた目にはみっともないほどよく食べた。

ときどき急に衰弱することがあって、私はよく血をあげたものだが、そんな時、輸血が済むと、祖母はどこからともなくお金をとり出して握りずしなどとりよせ「お前だけが食べるんだよ。ほかの人に食べさすんじゃないよ」と何度も念を押して私に食べさせるのであった。

ところで、私は老醜について書こうとしているのではない。この祖母が死んだ時にしまった、と思ったことがあるのだ。

祖母は梅干作りの名人であった。梅酒を作るのもきわめてうまかった。その作り方を聞いておかなかった。伽羅蕗《きやらぶき》にしたって、私の祖母の作ったものよりおいしい伽羅蕗を絶えて食べないのだ。その作り方を聞いておくのを忘れてしまった。とりかえしがつかないとはこのことである。

いや、単なる作り方なら家の者たちも見よう見まねで大体の見当がつくのだが、作ってみるとまったく味が違う。まるで足元にも及ばないのである。

伽羅蕗の作り方など簡単なことである。蕗を洗って一日陰干しにする。日が落ちたらとりこんで一寸くらいに切り、ひたひたの醤油に唐辛子を少量入れて火にかける。あとはただ根気よく煮つまらせればよいだけの話である。

梅干というのは、これはたいへんに手間がかかる。大体のことをいえば、一晩水につけた梅に塩をまぶして樽《たる》に入れおし蓋《ぶた》をする。水が上ったら重石《おもし》をとり、塩でもんで紫蘇《しそ》の葉を梅と交互に入れる。土用になったら紫蘇は絞って干し、梅は笊《ざる》に上げて三日三晩干す。四日目からは昼だけ天日に干し、夜は樽につける。これを一週間つづけたあと密封し秋から食べはじめる。入梅時から秋にかけてこうして祖母が作った梅干には、なんとなく人生の重みとでもいうべきものがあった。家の者が作る梅干にはそれがない。

だから、というのも変だが、諸君、老人は大切にしたまえ。その人一代で絶えてしまう名人芸は、日頃から伝承しておこう。

私は、祖母が十三年前に作った梅酒を飲みながら、つくづくそう思うのである。

黒豆の正しい煮方

黒豆を食べたかね。黒豆はどういう具合いだったかね。お正月にひとの家で食べさせられる黒豆は、色は真っ黒、長湯したあとの手の指のように皺《しわ》だらけで、しかもおそろしく堅い。

じょうずに煮られた黒豆は、ほんのりとした紫色であって、舌で押し潰《つぶ》せるほどに柔くなくてはかなうまい。

さて、そこで黒豆の正しい煮方でありますが、これにはさまざまな説がある。今ここに述べようとするのは、私の京都の宿における流儀でありますが、これはさしてむつかしいものではない。二日間だけ真剣にとりくめば日本一の黒豆ができるのだから、読者よ、どうかその労をいとわないでもらいたい。

それでは、第一日目について記す。

まず黒豆そのものであるが、京都に縁者のある人は丹波の黒豆を取り寄せるならば理想的である。丹波は、小豆でも「丹波の大納言《だいなごん》」などといって極上であるとされる。黒豆もまたしかり。ただし、人によっては北海道の黒豆をして最上とする人もある。このほうが東京では手に入れやすかろう。さて、明日から黒豆を煮ようと決心したら寝る前に黒豆を灰汁《あく》につけておき、朝起きたときに灰汁から引きあげて煮はじめるというのが昔からの日程である。

黒豆は、

一、三倍の水で煮る。

一、鍋は鉄鍋に限る。

最初は強火で、ごとごとしてきたら弱火にしてその日一日煮続けるが、

一、煮る時に決して黒豆をおどらせてはいけない。そのために落し蓋をする人もいる。一日のうち三回はお湯を替えるが、お湯を替える時は、あらかじめ分量の熱湯を用意し、

一、できるだけ瞬間的にお湯をかえる。

すなわちお湯を捨てた瞬間に用意した新しいお湯を入れるのである。煮ている間にだんだん水がへるから、入れ替える時に、もとの三倍の量にもどす。さて、一日煮たら、黒豆一個を歯の裏に入れて舌の先で押してみる。柔くつぶれれば煮えたわけである。専門家は壁にぶつけて煮上りを見分けるという。煮えなければ火をとめて翌朝試合を再開する。

第二日目。

さて、黒豆が舌の先で押しつぶせるほどの柔さに煮えたら、鍋の中のお湯をヒタヒタより少し多い程度残し捨てていただく。

これから砂糖を入れて再び煮るのであるが、砂糖の分量の目安をいうなら、普通ポリエチレンの袋に入れて売っている砂糖を使うとして、五合に対して砂糖一袋である。

一袋の砂糖を三回に分けて入れる。すなわち、まず三分の一を入れると、ヒタヒタだったお湯が、ヒタヒタヒタくらいの分量にふえる道理であろう。これが、もとのヒタヒタの線まで煮つまるのを待って、次の三分の一を加え、同じ手順で

もとの線まで煮つめて最後の三分の一を入れるのである。

砂糖を入れる時に肝要なことは、砂糖を入れてから黒豆を「かきまわしてはならない」ということである。黒豆の皮は、いまやごく破れやすい状態にあるから、あくまでも細心の注意を要する。

いまひとつの要点は、砂糖を入れたら鉄鍋の蓋を取り去って、蓋がわりに和紙をかぶせる。これを「紙蓋」といって、これは砂糖のあくをとるための巧妙なテクニックである。

さて、こうして砂糖を全部加えて煮つめたならば、鍋を火からおろしてさます。さますといっても冷蔵庫などへ入れてはよくない。あくまでも自然にほうっておいて、完全に冷えるのを待つのである。

完全に冷えたところで薄口醤油《しょうゆ》をコップ約三分の一の見当で加える。

こうして、二日間の奮闘の末、本格的黒豆ができあがるわけだが、仏も無情ではないか、この黒豆は三日以上は決してもたない仕組みになっている。

たかが黒豆を煮るのに二日の手間を厭《いと》わない。しかもできあがったものが三日しかもたないという。これが料理におけるダンディズムというものではありますまいか。

正月料理

わが家の正月料理が決定した。一つはフォンデュ。スイス料理である。簡単にいうなら、煮立てた白葡萄酒でチーズを溶かしちぎったフランスパンをつけては食べる、というだけの素朴な料理である。発明したのは牛飼いだろう。こいつが滅法うまい。寒い夜親しい友とこれを囲んで、プツプツ煮立つやつをパンにからめとっては口に運ぶと、腹の底から生きる力が沸いてくる。厳格なる自然食主義者の私も、この魅力には抗し難い。ベルンに五日滞在したときは、五日連続でフォンデュを食った。最後の夜などは二人前のフォンデュを食べおわってまだ足りず、さらに二人前注文して、ついにはそれも平らげてしまった。それほど「力」のある料理なのだ、フォンデュというのは。

だから、そのフォンデュを、東京のとあるスーパーの片隅に発見したときの私の喜びをお察し願いたい。いやァ、おどろいたですねェ、あったんですよアナタ、フォンデュが。タイガー印とかいって二人前九百円というインスタント・フォンデュを私は発見してしまったのである。早速買い求めて試験してみると、こいつはイケル！　スイスで食べるのと全く変わらない。「正月の料理はこれ」と、直ちに決定し、二十箱注文したら、嬉しいじゃありませんか、年末のせいか、九百円のフォンデュが七百四十円に値下げという、まるでボタ餅で、ほっぺたをなでられるような話なんだなァ。

もうひと品、いってみようか。

この間、菊正宗の工場からテレビ中継をするということがあり、そのとき、おみやげに大量の酒粕をいただいた。その酒粕を睨んでいるうちに、ふと、粕汁を作ってみたいという欲望がむらむらと沸き起こったのである。早速魚屋に電話して新巻きの頭を二つばかり取り寄せて調理にかかる。このとき、圧力鍋を使ったのが勝利の原因であった。私は玄米食者であるから当然圧力鍋を持っている。この圧力鍋で鮭の頭を三十分ほど煮て、粕汁へぶち込んだ。

ひと口食べてみて、女房が「アレッ」と言った。私も「オッ」と叫んだ。うまいのである。まさに「ほっぺたが落ちそう」という味なのである。カンヅメの鮭のごとく新巻きの頭が骨までグサグサになっている。グサグサの骨と、とろりとした脂っこい皮！　あとは「ウム」とか「エヘ」とか「オッホッホ」とか声にならぬ歓声をあげながら鍋一杯の粕汁を親子三人でむさぼるようにして平らげてしまった。「オイ、新巻きの頭はいくらだった？」食べ終わった私がたずねる。女房が伝票をしらべる。なんと、新巻きの頭は勘定に入っていないのである。どうせ捨てるところなんだろうか、サービスなのである。タダなんです、こんなうまいものが。

私はいま日本中の新巻きの頭を募集したい気持ちになっている。

宮本信子さんインタビュー

風邪のときにつくってくれた親子丼がほんとうにおいしかった。

高校を卒業した一九六三年、名古屋から夜行列車で東京に来ました。父の従兄弟、千秋実さんの住み込みの付き人になって、文学座の演劇研究所に通いながら演技の勉強を始めました。

最初のテレビドラマは「ママちょっと来て」（日本テレビ／父役・千秋実。母役・乙羽信子）。事務員の役です。ラジオドラマは「都会の二つの顔」（NHK／演出・佐々木昭一郎）。これは半分ドキュメンタリーで台本がないんです。私は新劇の研究生、宮本信子のまま。相手役は実際に魚河岸で働いている青年。音楽は林光さん。作品が賞をいただいて、ちょっと話題になりました。

まだ草創期だったテレビは、すごく活気があって自由でした。「あの劇団のあの子、おもしろいから使ってみるか」みたいな感じで、駆け出しの私でも抜擢してもらえる余地があったんです。

NHKのドラマ「あしたの家族」からも声がかかりました。東京の開業医の大家族の話で、父役が佐野周二さん、母役が沢村貞子さん、長男役が伊丹さんでした。妹役に伊東ゆかりさん、ジュディ・オングさんがいらして。私は看護婦役。週一回の一時間ドラマです。

伊丹さんはハリウッド映画にも出ているし、奥様もいらっしゃって、別世界の人でした。その頃、伊丹さんは三十一、二歳、私は二〇歳そこそこだから子どもみたいなものでしょう？　とにかく役をこなすのに必死でした。

あとになってわかったんですけど、演出の人と伊丹さんが、どっちが先にお茶に誘いだせるか、賭けをしていたらしい。もちろん断ってました。「どうもありがとうございます、セリフを覚えなくちゃいけないので」と毎回頭を下げて。奥様のある人と噂を立てられたりしたら大変な時代でしたし。

そのうちにBEN LINEのマッチ箱の裏にね、「何時何分、西口玄関で待ってます」と書いてあるのを渡されたんです。断りつづけるのも悪いと思って、昼食ならとでかけることにしました。オープンカーのロータス・エランで連れられていった先が、原宿のイタリア料理店でした。生まれて初めてのエスカルゴ、食べ方がわからないでしょう。教えてもらって食べました

写真提供・マガジンハウス

首根っこをくわえられ運ばれた記憶は成猫になっても残る。湯河原時代まで長生きしたコガネマルは、伊丹夫妻が親も同然だった。

けど、頭がカーッとしているから美味しいも不味いもわからない。食べ終わるとまたサーッと送ってくれて。背が高くてハンサムでお洒落だし、なんかいい香りもするし、なんでも知ってるし、他の俳優さんとは全然ちがいました。「あしたの家族」が終わってしばらくして、伊丹さんが独りになったんです。麹町の家のパーティに招かれて、訪ねていったら靴のまま上がる家ですし、綺麗で華やかな人たちがいっぱいいて、ヴァイオリニストとかもいて、自分の居場所なんてまるでないから、台所でずっとお皿を洗ってました。古伊万里のお皿とか、有次の鍋とか、見たことのないものばかり。伊丹さんが途中で顔だして「なにしてんの?」っていうから「お皿洗ってます」。

　私はなんでも気軽に言い合える、友だちみたいな夫婦に憧れていたんです。でも伊丹さんと結婚する、となったら、そういうわけにいかない。伊丹さんは神経が非常に繊細だから、この人がうちに帰ってきたらホッとできる、楽な家庭にしたい、どんなことがあっても添い遂げよう、と心に決めたんですね。

　女優も辞めたほうがいいのかと思って聞いたら、辞めなくていい、続けたほうがいいって言ってくれました。

　最初にご挨拶に行ったのは山口瞳さんのところでした。伊丹さんがデザイナーの頃から薫陶を受けてきた方です。そこでうかがった結婚の心得は「一に辛抱二に我慢、三四がなくて五に忍耐」。そのまま素直に受けとめました。

山口瞳氏の結婚祝いの湯呑みは、金継ぎもして長年愛用した。

口答えしたり喧嘩したりもしません。喧嘩して勝てるわけないし、そうなったら鉛筆と原稿用紙持って出ていっちゃうだろうなと思ってましたから。

　料理についてもね、先生と生徒みたいで「この通りにやればできるから」って、辻留さんの本を五冊、ドンと渡されました。だから毎朝、鰹節を削って出汁をとるところからしていました。中華料理は邱永漢さんの『食は広州に在り』や、邱さんのお姉さんの臼田素娥さんの本にもお世話になりました。和食と中華は家でつくってましたね。

　伊丹さんが変わったのは、子どもができてからです。「自分と同じような子どもはいらない」「これから食糧難になるから生んだら大変なことになる」というのが伊丹さんの言い分だったのですが、私としてはめずらしく、「二人死ぬんだから二人生めばいいじゃないですか」と反論したんです。伊丹さん、黙ってました。

　ところがいざ万作が生まれると、もう子どもに夢中なんです。まだ六本木の狸穴にいた頃、ホテルオークラかどこかの芝生の庭に連れだしたら、芝がチクチクして万作が泣きだしたんですね。それを見て「東京じゃ子どもは育てられない。引っ越す」と突然決めたんです。伊東、熱海、湯河原あたりの土地をさんざん探しまわりました。

　お酒もやめるしタバコもやめるし、変えるとなったらもうガーッとすべて変えちゃう人でした。湯河原に引っ越してまもなく、今度は「玄米菜食にする」と宣言したんです。

庭で採れる筍は若竹煮。タラの芽、ヨモギ、柿の若い葉は天ぷら。自然薯、茗荷、シソもたくさん採れました。家の裏にはクヌギのほだ木を並べて、栽培した椎茸をステーキにしたり。

子どもたちがいちばん喜んだのはそうめん流しかな。二階のベランダに伊丹さんならではの完璧な「流し」をつくりあげるんです。竹は庭から切ってきたものをナタで半分に割って、節の内側も丁寧に削ってね。真鶴のお友だちのご家族もお呼びして、伊丹さんはそうめんを流す係、私とその奥様は天ぷらを揚げる係、ホースで水を引いてきて、そうめんを流して、子どもたち四人が箸ですくっては食べて。「おいしい！」って声があがったときの伊丹さんのうれしそうな顔、幸せそうな顔といったらなかったですね。

器とか台所用品は伊丹さんがほとんど選んでました。選んだものは大切にずーっと使うんです。子どもたちにも大事に扱ってほしいからと、食べ終わると「お皿、運ぼう」と号令をかける。子どもたちは緊張して小さな手で抱えるようにして台所へ運びました。

包丁の使い方も小さい頃から教えてました。どうやって握り、どういう角度で切ればいいのか、きゅうりを使って具体的にね。伊丹さんの教育方針はシンプルで明確でした。「自立自尊」。これだけを目指していたと思います。

万平が東京の和光小学校に入ることになって、世田谷区宮坂に引っ越しました。映画をつくるのが決まって、湯河原の家は『お葬式』の舞台になり、別荘として使い続けました。

ある時、大きな卵焼き器を見つけて、誕生日にプレゼントしたんです。伊丹さん、赤坂「砂場」の卵焼きが大好きだったから。「こんな大きなの、使いこなせないよ」って苦笑いしながら、根が研究熱心だから、出汁の加減を変えてみたり、山芋をすって入れてみたり、納得するまでひたすら卵焼き。そのたびに食べさせられて、子どもたちはニキビができてましたけど（笑）。

伊丹さんはもともと卵料理が好きで得意でもあったんです。カニ玉なんて餡も上手につくるし、卵もふわっとした仕上がりで。

結婚してまもない頃にね、私が風邪をひいて寝込んでいると、親子丼をつくってくれたんですよ。あれはね、ほんとうにおいしかった。忘れられない味のひとつですね。

伊丹さんの卵料理、食べられなくなってしまったのは残念です。いまだにね、そう思います。

宮本信子　みやもと・のぶこ

1945年北海道小樽市生まれ。愛知県名古屋育ち。1963年文学座附属演劇研究所を経て、1964年劇団青芸在籍時に別役実作『三日月の影』で初舞台。1984年映画『お葬式』以降、すべての伊丹監督作品に出演した。

スタイリング・石田純子（オフィス・ドゥーエ）　ヘアメイク・奥川哲也（dynamic）
ブラウス、パンツ／me ISSEY MIYAKE ☎03-5454-1705　イヤリング／キノシタパール ☎078-230-2870

伊丹十三の歩み

１９３３年（昭和8年）
5月15日、京都にて映画監督・伊丹万作（本名・池内義豊）の長男として誕生。本名は池内義弘、通称は岳彦。伊丹万作は愛媛県松山市の出身。

１９４５年（昭和20年）12歳。
京都師範男子部附属国民学校、特別科学教育学級に編入。英語を学ぶ。

１９４６年（昭和21年）13歳。
京都府立第一中学校に入学。結核による長患いののち、父・伊丹万作死去（享年46）。

１９５０年（昭和25年）17歳。
京都で転校を繰り返したのち、先に松山へ戻っていた母・キミと妹・ゆかりと暮らす。愛媛県立松山東高等学校に転入。

１９５１年（昭和26年）18歳。
同校に大江健三郎が転入。親しくなる。翌年、愛媛県立松山南高等学校に転入。

１９５４年（昭和29年）21歳
上京し、新東宝編集部を経て商業デザイナーとなる。この年、山口瞳と知り合う。

１９６０年（昭和35年）27歳
大映東京に入社。芸名・伊丹一三（67年に伊丹十三と改名）。妹・ゆかり、大江健三郎と結婚。自身も最初の結婚をする。

１９６１年（昭和36年）28歳
大映を退社後、映画『北京の55日』出演のためヨーロッパへ。翌年帰国。

１９６３年（昭和38年）30歳
「洋酒天国」に「ヨーロッパ退屈日記」を発表。「婦人画報」に連載。

１９６５年（昭和40年）32歳
最初の著書『ヨーロッパ退屈日記』（文藝春秋）刊。

１９６６年（昭和41年）33歳
各種連載を開始。協議離婚を届出。

１９６７年（昭和42年）34歳
「マイナスをプラスに変える」として、芸名・伊丹一三を伊丹十三に改める。

１９６８年（昭和43年）35歳
『女たちよ！』（文藝春秋）、『問いつめられたパパとママの本』（中央公論社）刊。

１９６９年（昭和44年）36歳
宮本信子と結婚。

１９７２年（昭和47年）39歳
長男・万作生まれる。『再び女たちよ！』（文藝春秋）刊。

１９７３年（昭和48年）40歳
『小説より奇なり』（文藝春秋）刊。

１９７５年（昭和50年）42歳
次男・万平生まれる。

１９７６年（昭和51年）43歳
『日本世間噺大系』（文藝春秋）、訳書『ポテト・ブック』（マーナ・デイヴィス著、ブックマン社発行、朝日出版社発売）刊。

１９７８年（昭和53年）45歳
岸田秀との共著『哺育器の中の大人　精神分析講義』（朝日出版社）刊。

１９７９年（昭和54年）46歳
『女たちよ！男たちよ！子供たちよ！』（文藝春秋）、訳書『パパ・ユーア　クレイジー』（ウイリアム・サローヤン著、ワーク・ショップガルダ発行、れんが書房発売）刊。

１９８０年（昭和55年）47歳
佐々木孝次との共著『快の打ち出の小槌　日本人の精神分析講義』（朝日出版社）刊。

１９８１年（昭和56年）48歳
伊丹十三責任編集「モノンクル」（朝日出版社）を創刊、12月号にて休刊。

１９８３年（昭和58年）50歳
訳書『主夫と生活』（マイク・マグレディ著、学陽書房）、『自分たちよ！』（文藝春秋）刊。

１９８４年（昭和59年）51歳
初監督作品、映画『お葬式』封切。

１９８５年（昭和60年）52歳
『「お葬式」日記』（文藝春秋）、俳優の山崎努に頼まれて翻訳した『ザ・ロイヤル・ハント・オブ・ザ・サン』（ピーター・シェーファー著、劇書房発行、構想社発売）刊。監督第2作『タンポポ』封切。

１９８７年（昭和62年）54歳
監督第3作『マルサの女』封切。『「マルサの女」日記』、『フランス料理を私と』（ともに文藝春秋）刊。

１９８８年（昭和63年）55歳
監督第4作『マルサの女2』封切。

１９９０年（平成2年）57歳
岸田秀、福島章との鼎談をまとめた『倒錯　幼女連続殺人事件と妄想の時代』（ネスコ発行、文藝春秋発売）刊。監督第5作『あげまん』封切。

１９９２年（平成4年）59歳
監督第6作『ミンボーの女』封切。

１９９３年（平成5年）60歳
監督第7作『大病人』封切。『「大病人」日記』（文藝春秋）刊。

１９９５年（平成7年）62歳
監督第8作『静かな生活』封切。

１９９６年（平成8年）63歳
監督第9作『スーパーの女』封切。訳書『中年を悟るとき』（ジャンヌ・ハンソン著、南伸坊画、飛鳥新社）刊。

１９９７年（平成9年）64歳
監督第10作『マルタイの女』封切。12月20日、死去。

２００７年（平成19年）
愛媛県松山市に伊丹十三記念館開館。

○伊丹十三記念館

伊丹十三の人となりを知る常設展と折々の企画展を実施。２０２３年7月からは「伊丹十三の 食べたり、呑んだり、作ったり。」展を開催。また、年に一度、伊丹十三が才能を発揮した分野において実績をあげた人物に贈る「伊丹十三賞」を創設、星野源氏など数々のクリエイターが受賞している。

■愛媛県松山市東石井1丁目6番10号
☎０８９-９６９-１３１３

出典

『ヨーロッパ退屈日記』（新潮文庫）
沈痛なバーテンダー／カクテルに対する偏見／おつまみ（アーティショーその他）

『女たちよ！』（新潮文庫）
スパゲッティのおいしい召し上り方／スパゲッティの裏に伏兵あり／ダッグウッドの悦び／ピクニックの巨大な昼食／キューカンバー・サンドウィッチ／サラダにおける本格／ベスト・ドレッシング／唇の感触／温められた皿／サムの土鍋／包丁の正しい持ち方／過ぎ去った夏の日日／マイクルのキャベツ／二日酔の虫／イギリス人の驚き／水の味／無駄なことです／料理人は片づけながら仕事をする／箸の汚れ／目玉焼の正しい食べ方／なにがお好き？／おこげ／しまった！／黒豆の正しい煮方

『問いつめられたパパとママの本』（中公文庫）
ノリヲ火デアブルトドウシテ緑色ニナルノ？

『ぼくの伯父さん』（つるとはな）
急須／鰯／塩／人がはいれる天火で　烤鴨子／好味抄／丼めし／正月料理

（本書掲載順）

伊丹十三の台所

２０２３年６月30日　初版第一刷発行

編者　つるとはな編集部
発行者　佐藤真
発行所　株式会社つるとはな
〒１０１－００５４
東京都千代田区神田錦町１－13 大手町宝栄ビル６０４
☎０３－５５７７－３１９７
https://www.tsuru-hana.co.jp/

ブックデザイン　岩渕恵子（イワブチデザイン）
写真　長野陽一
編集　太田祐子（タブレ）
制作　松家仁之　北本侑理
編集協力　伊丹十三記念館　https://itami-kinenkan.jp/
校正　山根隆子
印刷・製本　株式会社シナノ

ISBN978-4-908155-12-3 C0077